Eberhard und Claudia Mühlan

MENSCHENSKINDER

Kindererziehung aus biblischer Sicht

EBERHARD UND CLAUDIA MÜHLAN

Menschenskinder!

Kindererziehung aus biblischer Sicht

VERLAG SCHULTE + GERTH ASSLAR

Best.-Nr. 15347
ISBN 3-89437-347-4
1. Auflage 1982
2. Auflage 1983
3. Auflage 1984
4. Auflage 1985
5. Auflage 1986
6. Auflage 1987
7. Auflage Januar 1988
8. Auflage November 1988
9. Auflage 1989
Umschlaggestaltung: Herybert Kassühlke
Satz: Typostudio Rücker & Schmidt, Langgöns
Druck und Verarbeitung: Ebner Ulm
Printed in Germany

INHALT

Wir müssen uns entscheiden 7
Der Anfang unseres Abenteuers 7
Woher beziehen wir unsere Maßstäbe? 9
Humanismus kontra christlicher Glaube 13

Das Erziehungsmodell der Bibel 24
Unser Gott ist ein Vatergott 24
Gottes Umgang mit uns: Seine Liebe 25
Gottes Umgang mit uns: Seine Unterweisung 27
Gottes Umgang mit uns: Seine Zucht 29

Die Basis unseres Zusammenlebens 33
Bedingungslose Liebe 34
Unsere persönliche Beziehung zu Jesus Christus 35
Unsere eheliche Beziehung 37
Dinge, die wir besonders beachten 44

Unterweisung – Regeln für das Zusammenleben 73
Wie lernen unsere Kinder? 76
Regeln für das Zusammenleben 81
Mitarbeit in der Familie 92
Umgang mit Geld 97

Fehlverhalten und Disziplin 99
Ein umstrittenes Thema 99
Was ist Fehlverhalten? 103
Gründe für den Ungehorsam unserer Kinder 104
Welche Konsequenzen sind richtig für das Kind? 111

Körperliche Züchtigung 117
Achtung vor den Eltern 123
Disziplin bei Krabbel- und Kleinkindern 126
Erziehung ohne Ereiferung und Drohung 130

Ein persönliches Wort von Claudia 134

Literaturnachweis 144

WIR MÜSSEN UNS ENTSCHEIDEN

Der Anfang unseres Abenteuers

Der Beginn unsere Familienlebens vor etwa 11 Jahren sah sicherlich etwas anders aus als in vielen „normalen" Familien. Wir waren gut 1½ Jahre verheiratet. Meine Frau arbeitete als Kontoristin und erwartete unser erstes Kind. Ich selbst studierte im letzten Semester Pädagogik.

Als Freunde einer therapeutischen Wohngemeinschaft für Drogengefährdete erlebten wir mit, wie dort zwei kleine Kinder, etwa 2½ Jahre alt und offensichtlich fehl am Platz, mit den gefährdeten Jugendlichen zusammenlebten. Ihre Mutter hatte sich abgesetzt und der Vater absolut keinen Bezug zu seinen Kindern. Die beiden Kleinen konnten dort nicht länger bleiben.

Uns als Ehepaar wurde in dieser Zeit ein Bibelwort besonders wichtig, das sich später als klarer und konkreter Auftrag unseres Herrn Jesus Christus für unser Leben herausstellte: „Wer ein solches Kind in meinem Namen aufnimmt, der nimmt mich auf" (Matth. 18,5). Für uns bedeutete es, diese beiden Kinder als eigene aufzunehmen.

Wir taten es. Am ersten Tag des Schwangerschaftsurlaubs von Claudia zogen sie bei uns ein und krempelten unser Leben um: Wir wußten weder, wie man Kinder wickelt, noch, was sie essen mußten. Außerdem zeigten sie Verhaltensauffälligkeiten, die bei Kindern dieses Milieus üblich und verständlich sind. Sie konnten kaum sprechen, waren physisch kaum belastbar und zeigten psychisch große Unausgeglichenheit. Acht Wochen später kam unser erstes eigenes Baby dazu.

Das war der Anfang: Drei Kinder auf einen Schlag in einer kleinen Studentenwohnung, während ich mich auf mein Examen vorbereitete. Aber wir wußten eins: Dieses Abenteuer entsprang nicht allein unserer Phantasie oder unserem Mitleidsdenken, sondern dem persönlichen Reden Gottes für unser Leben. So waren wir zuversichtlich und beteten um eine größere Wohnung, die möglichst wenig kosten sollte, da Claudia als Alleinverdiener ausgefallen war. Auch in diesem Bereich erlebten wir Gottes Eingreifen. Uns wurde ein altes Landhaus, zunächst für ein Jahr, kostenlos zur Verfügung gestellt, bis ich mein erstes Gehalt als Lehrer bekam. In diesem Haus wohnen wir jetzt immer noch.

Während der ersten Monate in diesem geräumigen Haus, das für uns wie ein persönliches Geschenk Gottes war, wurde uns deutlich, daß es nicht bei diesen drei Kindern bleiben sollte. So wurden uns, immer in Zusammenarbeit mit dem städtischen Jugendamt, weitere Kinder anvertraut, bis wir nach gut einem Jahr sechs kleine gestörte und verstörte Geschöpfe in unserer Obhut hatten. Das jüngste war vier Monate alt, das älteste vier Jahre.

Dabei blieb es nicht. Zur Zeit haben wir elf Kinder, davon sind fünf eigene. Die anderen sind zum Teil adoptiert oder in Dauerpflege. Eine unschätzbare Erleichterung für unser Familienleben ist, daß sich niemals die leiblichen Eltern unserer angenommenen Kinder eingeschaltet haben und wir ein von außen ungetrübtes Familienleben führen können.

Unsere älteste Tochter ist inzwischen 14 Jahre alt, dann folgen Zwillingsmädchen mit 13 Jahren, vier Jungen mit 12, 11, 10 und 8 Jahren, und drei Mädchen mit 7, 5 und 2 Jahren. Und unser jüngstes Kind ist erst einige Tage alt.

Mit dem Hineinwachsen der ältesten Kinder in das Teenageralter verspüren wir, daß auf unsere Familie eine neue Zeit mit neuen Herausforderungen zukommt. In den vergangenen 11 Jahren haben wir unschätzbare Erfahrungen in der Kleinkindererziehung gesammelt, die wir gern an andere junge Familien weitergeben wollen.

Angesichts einer neuen Ära soll dies eine Bilanz sein!

Woher beziehen wir unsere Maßstäbe?

Mit den Kindern veränderte sich unser Alltag schlagartig. Die Situation zu Hause stellte sich ganz anders dar, als in den Hörsälen der Pädagogischen Hochschule angenommen. Dort ließ es sich gut diskutieren über Kindererziehung. Es machte Spaß, sich mit den verschiedenen Erziehungsmodellen auseinanderzusetzen, aber wie sollten wir sie in die Praxis umsetzen?

Eins war uns vom ersten Tag an klar: In der Kindererziehung kann man nicht herumexperimentieren! Vielleicht ein paar Monate nach der Methode von Rogers und, falls die nicht anschlägt, ein Probejahr nach den Ratschlägen von A.S. Neill. Zu guter Letzt werden dann noch ein paar Tips der Verhaltenspsychologie verwirklicht. Aber das geht nicht.

Jeder Tag wird seine Wirkung auf das Empfinden und Verhalten der Kinder haben. Wir dürfen nicht einmal so und dann wieder anders auf sie einwirken. Auch für das Zusammenleben in der Familie gilt das Bibelwort aus Galater 6,7: „Was der Mensch sät, das wird er ernten!" All das, was auf unsere Kinder im täglichen Leben an Eindrücken zukommt, wird sie prägen. Und wir werden die Früchte unserer Erziehung essen dürfen oder müssen.

Aus diesem Grund beschäftigte uns eine Frage mehr als alle anderen: Woher sollten wir den Maßstab für den täglichen Umgang mit den uns anvertrauten Kindern nehmen? Es gab zu viele Modelle, die sich anboten und, wenn man näher hinschaute, sich zum Teil auch widersprachen. Für jemanden, der das Beste für seine Familie wollte, nur eine unerschöpfliche Quelle von Verunsicherungen und Frustrationen.

Geht man in eine Bücherei oder in eine Buchhandlung, so findet man eine Fülle von Büchern zur Kindererziehung, die ihre Methoden anpreisen, oftmals auch als den einzig richtigen und absolut sicheren Weg zum Erfolg.

In dem einen Buch liest man, daß allein die liebevolle Zuwendung der Eltern für die Kinder ausreicht. Dort findet man Thesen wie: „Wer sein Kind liebt, braucht es nicht zu erziehen. Sie sind liebevoll, wenn sie sich geborgen fühlen, und respektieren ihre Eltern, wenn sie selbst respektiert werden." ([1])

Nimmt man ein anderes Buch zur Hand, wird dem Leser der Weg zu einem konfliktfreien Familienleben in der Methode des „aktiven Zuhörens" beschrieben! ([2])

Andere Autoren fordern kämpferisch die Abschaffung aller elterlichen Autorität und Beeinflußung. Folgende Themen schrecken dann Mütter und Väter auf: „Allein der Erzieher macht den Menschen durch seine Unterdrückung aggressiv. Nur eine Befreiung des Kindes aus allen Abhängigkeiten kann es gesund aufwachsen lassen." Durch diesen Stil der antiautoritären Erziehung wurde vor allem A.S. Neill ([3]) mit seinem Schulmodell in Summerhill weltbekannt und prägte einschneidend die Haltung vieler Mütter und Väter.

Blättert man weiter in den Büchern, findet man Erziehungswissenschaftler, die es nicht so extrem sehen wollen und demzufolge von einem demokratischen oder partnerschaftlichen Erziehungsstil sprechen. Ihrer Ansicht nach benötigen wir schon Regeln für ein Zusammenleben in der Familie, aber diese dürfen dem Kind niemals aufgezwungen werden. Das einzige, was uns Eltern zugestanden wird, ist, sie anzuregen und zu ermutigen, die Regeln zu akzeptieren, mehr nicht. Dreikurs schreibt dazu, daß wir eine Gesellschaft Gleichwertiger sind: „In einer Gesellschaft Gleichwertiger kann keiner über den anderen herrschen. Wie der Mann seine Macht über seine Frau verlor, so verloren beide Eltern ihre Macht über ihre Kinder." ([4/S.13])

Thesen über Thesen. Die verschiedenen Autoren zeigen mit Recht Nöte im Umgang der Eltern mit Kindern und in der Gesellschaft auf. Viele der Ratschläge sind gut, andere klingen auf den ersten Blick sehr sympathisch. Aber was den unbefangenen Leser verwirrt und verunsichert, ist die Ausschließlichkeit vieler Thesen und die Widersprüchlichkeit der verschiedenen Richtungen. Wonach soll man sich richten? Woher nehmen eigentlich die Autoren ihre Legitimation, gerade so zu argumentieren und keinen anderen Standpunkt gelten zu lassen?

Wir begannen viele dieser Bücher noch einmal zu studieren. Diesmal auf der Suche nach dem ideologischen Hintergrund. Es fiel uns nicht schwer, ihn herauszulesen. Vielfach wurde er schon im Vorwort oder gar im Untertitel sichtbar. Zum Beispiel: „Erziehung aus tiefenpsychologischer Sicht", „Konfliktbewältigung gemäß der Klientenorientierten Psychotherapie" oder „Ratschläge gemäß der Gesetzmäßigkeit der Verhaltenspsychologie". Hinter all diesen Fachwörtern verbirgt sich immer ein ganz bestimmtes Menschenbild.

Die Bedeutsamkeit des weltanschaulichen Hintergrundes für die Erteilung von Ratschlägen in der Erziehung wurde mir besonders bei einem Satz von Rudolf Dreikurs, einem Vertreter des „demokratischen Erziehungsstils", deutlich. Er legt unmißverständlich seine Lebensanschauung dar und sagt im Vorwort seines Buches „Kinder fordern uns heraus": „Unsere Empfehlungen beruhen auf einer besonderen Lebensanschauung, mit einer ganz bestimmten Auffassung vom Menschen, wie sie von Alfred Adler und seinen Mitarbeitern ausgearbeitet wurde." (4/S.7)

Mir wurde der Grund für die Unterschiedlichkeit der Auffassungen und Empfehlungen verschiedener Erziehungswissenschaftler klar: jeder hat sein eigenes Menschenbild. Und dieses Menschenbild prägt ihren Erziehungsstil.

Hinter jedem Erziehungskonzept steht ein gewisses

Menschenbild. Folglich wird meine Anschauung von der Beschaffenheit des Menschen meinen Erziehungsstil prägen!

Welche Auffassung vom Menschen hat eigentlich die Bibel, Gottes Wort? Wie sieht unser Schöpfergott den Menschen in seiner Beschaffenheit? Was hat die Bibel zur Kindererziehung zu sagen?

Angeregt durch die Verunsicherung aus dem Studium der verschiedenen Anschauungen, fingen wir an, die Bibel auf ihr Menschenbild hin zu befragen. Und wir stellten schnell fest, daß sie nicht nur eine ganz bestimmte Auffassung vom Menschen hat, sondern auch aufgrund dieses Menschenbildes Ratschläge zur Kindererziehung gibt. In manchen Punkten fanden wir Übereinstimmungen mit den Aussagen der verschiedenen Erziehungswissenschaftler, in anderen aber total konträre Anweisungen zum Umgang mit Kindern.

Wir brauchen die Bibel als an uns Menschen gerichtetes Wort Gottes nicht hinter den Erkenntnissen der modernen Pädagogik zu verstecken. Wie zu allen Lebensfragen, gibt sie uns auch zu Fragen der Erziehung ein klares und schlüssiges Konzept, an das wir uns halten können. Wir müssen uns nur entscheiden, welchen Ratschlägen wir folgen wollen.

Im Laufe der Jahre ist uns die Bibel mit ihren Aussagen mehr und mehr zum Maßstab für unser erzieherisches Handeln geworden, ebenso wie auch für unseren gesamten Lebensstil. Dabei sind wir nicht, wie man meinen könnte, „engstirnig" und wissenschaftsfeindlich geworden. Nach wie vor wissen wir die Erkenntnisse der modernen Pädagogik sehr wohl zu schätzen. Nur haben wir für uns klare Prioritäten gesetzt: die Maßstäbe für den Umgang mit unseren Kindern gibt uns ausschließlich die Heilige Schrift. Sie ist das inspirierte Wort Gottes und nicht dem Wandel des gesellschaftlichen Denkens unterworfen. Neue Erziehungsmodelle kommen und gehen, das Wort Gottes dagegen gibt uns für alle Generationen einen absoluten und zeitlosen Maßstab. Alles, was sich von anderen Erziehungstheorien in das Menschenbild der Bibel einordnen läßt, können wir als Christen akzeptieren, aber was darüber hinausgeht, sollten wir lieber zur Seite legen.

Durch die Orientierung an der Bibel haben wir Hilfe, Gewißheit und Ausgeglichenheit bekommen für die nicht leichte Erziehungsaufgabe an unseren Kindern. Wir fühlen uns nicht mehr hin- und hergerissen von den „modernen Anschauungen" und dürfen eins in Anspruch nehmen: Erziehen wir unsere Kinder so, wie es dem Willen Gottes entspricht, dann wird Gott auf unserer Seite stehen, uns Rat geben und Erfolg schenken.

Wenn das Wort Gottes Maßstab für unsere Erziehung wird, können wir sehr wohl die Aussagen des ersten Psalmes auch für unser Familienleben in Anspruch nehmen: „Wohl dem, der nicht wandelt nach dem Rate der Gottlosen, noch tritt auf den Weg der Sünder, noch sitzt, da die Spötter sitzen; sondern seine Lust hat am Gesetz des Herrn und in seinem Gesetz forscht Tag und Nacht. Der ist wie ein Baum, gepflanzt an Wasserbächen, der seine Frucht bringt zu seiner Zeit und dessen Blätter nicht verwelken, und alles, was er macht, gerät wohl" (Psalm 1,1-3).

In Anlehnung an das persönliche Bekenntnis von Herrn Dreikurs möchten wir für die Ausführungen dieses Buches sagen: „Unsere Empfehlungen beruhen auf einer besonderen Lebensanschauung, mit einer ganz bestimmten Auffassung vom Menschen, wie sie uns von Gott in der Heiligen Schrift geoffenbart wird!"

Humanismus kontra christlicher Glaube

In dem Denken unserer modernen Welt haben wir zwei Hauptströme in bezug auf die anthropologischen Grundfragen, das heißt der Lehre von dem Menschen in seinem Wesen und seiner Stellung in der Welt, die sich zum Teil durchdringen, in ihrer Hauptaussage allerdings widersprechen. Um eine Grundlage für ein christliches Erziehungskonzept zu bekommen, müssen wir sie kennen und miteinander vergleichen können.

Die eine Richtung hat ihren Ursprung in der Bibel, war in der frühen Kirchengeschichte verankert und bekam als Reaktion auf die humanistische Durchdringung des kirchlichen Denkens noch einmal Aufschwung durch die Reformation. Martin Luthers These „sola scriptura – allein die Schrift" macht deutlich, wie die Reformatoren den Selbstanspruch der Bibel, die einzige, endgültige Autorität zu sein, ernst nahmen. Diese Richtung wird bis heute von den bibelgläubigen Christen vertreten.

Der andere Strom kommt aus der griechischen Philosophie und zieht sich durch die Renaissance und Aufklärung hindurch unter der Bezeichnung „humanistische Philosophie".

Beide Gedankenströme haben zum Teil Gemeinsamkeiten, vermischen sich auch miteinander, sind aber vom gedanklichen Ansatz und von vielen Schlußfolgerungen her total gegensätzlich.

Wir Christen haben die Aufgabe, ausgehend vom Wort Gottes, die Grenzen klar zu ziehen und uns so weit wie möglich vom humanistischen Gedankengut zu lösen. Nicht umsonst warnt uns das Neue Testament: „Wie ihr nun Christus Jesus, den Herrn, angenommen habt, so wandelt in ihm, gewurzelt und auferbaut in ihm und befestigt im Glauben, wie ihr gelehrt worden seid, und darin überfließend in Danksagung. Sehet zu, daß euch niemand beraube durch die Philosophie und leeren Betrug, nach der Überlieferung der Menschen, nach den Grundsätzen der Welt und nicht nach Christus" (Kolosser 2,6-8).

Um die Trennungslinien klar zu sehen, müssen wir die Lehre des Humanismus der christlichen Weltsicht, zumindest in den Bereichen, die Erziehungsfragen berühren, gegenüberstellen. Dabei erfordert der Humanismus genauso die Anerkennung von Glaubensgrundsätzen wie jede andere Religion auch.

Einer dieser Grundsätze ist, daß es keine Autorität über dem Menschen gibt. Der Mensch ist sein eigener Gott, Gesetz und Quelle der Moral. Für den Humanisten ist der Mensch selbständig, nur sich und seiner Umwelt verantwortlich. Für den Christen dagegen gibt es einen persönlichen Gott, dem er Rechenschaft schuldig ist.

Der Christ lebt auch mit einem anderen, einem absoluten Wahrheitsbegriff. Die Gebote zu Moral und Ethik sind für ihn in der Bibel aufgeschrieben und gelten zeitlos. Sein Wahrheitsbegriff wurzelt nicht nur in der Erfahrung, sondern stammt aus einer höheren Quelle. Ein Christ lebt also mit der objektiven Offenbarung des Wortes Gottes und darf für seine Entscheidungsfindung mit Hilfen des Heiligen Geistes rechnen, der ihm die Bibel aufschließt.

Im Gegensatz dazu kann der Humanist letzten Endes nicht sagen, was absolut richtig oder falsch ist. Für ihn gibt es keine absolut gültige Wahrheit. Die Entscheidung über richtiges Handeln in einer bestimmten Situation wird entweder durch einen Mehrheitsbeschluß (Demokratie) herbeigeführt – man nennt dies situationsbedingte Ethik: richtig ist, was die Mehrheit als richtig ansieht –, oder man findet den Wahrheitsbeschluß für eine neue Situation in einer Synthese. Francis Schaeffer sagt dazu: „Anstelle von These zu Antithese (daß manche Dinge wahr sind und ihr Gegenteil unwahr ist) lassen sich Wahrheit und das moralisch Gute nur im Fluß der Geschichte, in einer ständigen Synthese finden. Unsere Generation sieht Lösungen nur noch in einer Synthese, nicht mehr in absoluten Maßstäben." (5/S.160)

Am krassesten sieht man die unterschiedlichen Richtungen in dem Menschenbild der Bibel und dem des Humanismus. Allein an diesen gegensätzlichen Aussagen erkennen wir, daß wir uns zu entscheiden haben, welcher Strömung wir gedanklich und auch in der Praxis folgen wollen. Denn mein Wahrheitsbegriff und Menschenbild wird mein Denken und meinen Erziehungsstil prägen.

Zum Menschenbild sagt die Bibel, daß der Mensch ein im Bilde Gottes geschaffenes Wesen ist (1. Mose 1,26), ausgestattet mit Würde und einem freien Willen. Gott hat ihn zu seinem persönlichen Gegenüber und Stellvertreter auf dieser Welt bestimmt. In der Bibel lesen wir aber auch, daß sich der Mensch gegen seinen Schöpfer auflehnte und die Gemeinschaft mit Gott verlor.

Seitdem sind alle Menschen von Gott getrennt und in ihrer Existenz sündig: „Es ist kein Unterschied: alle haben gesündigt und ermangeln der Herrlichkeit Gottes, so daß sie gerechtfertigt werden ohne Verdienst, durch seine Gnade, mittels der Erlösung, die in Christus Jesus ist" (Römer 3,23).

Das Böse wird hier in erster Linie personal gesehen, auf die Wesensart des Menschen bezogen, und nicht allein auf die Umstände, wie es andere sehen wollen. Dieser Vers sagt aber auch deutlich, daß dieser Zustand des Getrenntseins nicht so bleiben muß.

Die Wesensart des Menschen ist so verdorben, daß er sich von selbst nicht grundlegend ändern kann, sondern Gott drastisch eingreifen muß. Die Bibel spricht davon, daß Gott das „steinerne Herz" gegen ein „fleischernes Herz" austauschen muß und ein neues Herz und einen neuen Geist in den Menschen legen möchte (Hesekiel 36,26). Das Gespräch Jesu mit Nikodemus (Johannes 3,1ff) macht deutlich, daß dieses Eingreifen Gottes wie eine neue Geburt ist. Ein Mensch, der seine sündige Existenz bekannt und Jesus als seinen persönlichen Erlöser angenommen hat, wird eine neue Schöpfung. „Ist jemand in Christus, so ist er eine neue Kreatur; das Alte ist vergangen, siehe, ein Neues ist geworden" (2. Korinther 5,17).

Jeder Mensch, der Gottes Angebot der Erlösung nicht angenommen hat, wird als geistlich tot bezeichnet, mit einem in seiner Existenz verwurzeltem Hang, Böses zu tun (Epheser 2,1-3; 4,17-19). Davon sind auch Kinder nicht ausgeklammert: „Das Dichten des menschlichen Herzens ist böse von seiner Jugend an" (1. Mose 8,21) oder: „Siehe, ich bin in Schuld geboren, und meine Mutter hat mich in Sünden empfangen" (Psalm 51,7).

Für dieses existentielle Gefangensein in Sünde hat das theologische Denken seit Augustin den Begriff „Ursünde" geprägt.

Die humanistische Philosophie und die auf dieser Grundlage aufbauenden Strömungen nehmen nun zu diesem Bereich des Menschenbildes einen total entgegengesetzten Standpunkt ein.

Da es in ihrem Denken für Gott keinen Platz gibt, kann der Mensch nicht ein im Bilde Gottes geschaffenes Wesen sein, sondern wird degradiert zu einer Weiterentwicklung aus einfachen biologischen Strukturen. Das Entstehen der wunderbaren Komplexität des Universums mit dem Menschen als Krönung wird auf eine einfache Formel gebracht: Ein Anfang aus dem Nichts plus Zeit plus Zufall auf der Grundlage der Theorie vom Überleben des Stärkeren. Ein solches Bild von der Entstehung des Menschen mußte folgerichtig Verschiebungen in dem Denken über das Wesen des Menschen bringen.

Hier ist dann insbesondere Jean Jacques Rousseau zu nennen. Seine Ausführungen haben das Denken der Geisteswissenschaften bis heute geprägt. Rousseau brachte das Konzept der autonomen Freiheit des Menschen und forderte die Freiheit von Einschränkungen jeder Art. Er sah die Einschränkungen der Zivilisation als Übel an: „Der Mensch wurde frei geboren, aber überall ist er in Ketten." So schrieb er: „Wenn der Mensch von Natur aus gut ist, wie ich – glaube ich – nachgewiesen habe, dann folgt daraus, daß er so bleibt, solange ihn nichts, das ihm fremd ist, verdirbt." In seinen „Konzessionen" zum Beispiel erklärte er, die beste Erziehung sei eigentlich die Abwesenheit von Erziehung. (5/S.152-153)

Seine Thesen hatten Einfluß auf das Denken aller nachfolgenden Generationen. Die Werke Goethes, Schillers, Lessings, Beethovens, um nur einige zu nennen, wie auch die heutigen Bestrebungen der emanzipatorischen Pädagogik spiegeln sein Denken wider.

Rousseaus Konzept der autonomen Freiheit führte einmal zu dem Ideal des unkonventionellen Lebens, wie wir es zum Beispiel in der Hippie-Bewegung finden, prägt aber gleichzeitig den Typus Mensch, der alle Maßstäbe, Werte und Einschränkungen der Gesellschaft ablehnt und bekämpft.

In bezug auf die geschichtliche Weiterentwicklung der Erziehungstheorien legte er die allgemein gültige Basis: Der Mensch ist von Natur aus gut, folglich können die Ursachen für das Böse nicht im Kind liegen, sondern nur in den prägenden Einflüssen der Umwelt. Das heißt für die erzieherische Situation, daß richtige Umweltsbedingungen geschaffen werden müssen und größtmögliche Freiheit zur Entfaltung gegeben werden muß, da jedes autoritäre Eingreifen des Erziehers das Kind verderben kann.

Auf diesem Menschenbild bauen die heutigen psychologischen Schulen auf. Die Ablehnung der christlichen Grundsätze führte dazu, daß der Mensch nur noch als Teil einer Maschinerie angesehen wird. Dieser Mensch hat letztlich keine Möglichkeit, sich frei zu entscheiden, sondern ist immer das Ergebnis vorliegender und auf ihn einwirkender Bedingungen.

Aufbauend auf diesen Gedanken entstand einmal der psychologische Determinismus, wie er von Sigmund Freud und der von ihm entwickelten Psychoanalyse dargestellt wird. Nach seiner Auffassung wird die psychologische Verfassung eines Menschen lebensbestimmend von der Mutter-Kind-Beziehung während der ersten Lebensjahre geprägt. Diese frühkindlichen Neurosen bestimmen die seelische Entwicklung des Menschen.

Von Skinner wurde der Begriff des soziologischen Determinismus eingeführt. Er vertrat die These, daß der Mensch allein das Produkt der ihn prägenden Umwelteinflüsse sei. Je nachdem, welche Prägemechanismen angewandt werden, kann die Gesellschaft geschaffen werden, die man sich wünscht. Auf diesem Gedanken hat sich die Verhaltensforschung (Behaviorismus) aufgebaut, die mit Begriffen wie Konditionierung, Gegenkonditionierung, Extinktion, Bekräftigung u.a. das Verhalten von Menschen erklären will.

Zwischen diesen verschiedenen Lehrmeinungen wird auch der Streit über den Anteil der Erbanlagen an der Entwicklung des Menschen ausgetragen. Mit welchem Ausmaß an angeborenen Wesensmerkmalen muß der Erzieher rechnen? Während der eine Flügel der psychologischen Schulen behauptet, der Mensch sei restlos steuerbar und letztlich nur das Produkt seiner Umwelteinflüsse, behauptet die andere Seite, der Mensch sei zu 80% durch Erbanlagen festgelegt.

Alle uns Eltern heute angebotenen Erziehungskonzepte berufen sich auf das humanistische Postulat, daß der Mensch von sich aus gut oder zumindest wertneutral sei, und bewegen sich dann, je nach persönlicher Anschauung, zwischen den verschiedenen psychologischen Schulen.

Das eine Extrem finden wir in der emanzipatorischen bzw. antiautoritären Erziehung, die die Thesen Rousseaus übernimmt und die Befreiung des Lebens aus allen Abhängigkeiten und seine Verwirklichung nach selbstgewählten Zielen fordert. Der Mensch soll alles tun, wozu er Lust hat. Jedes autoritäre Eingreifen ist als schädigend für das Kind zu verwerfen. Der Mensch ist im Grunde gut, deshalb brauche man ihn in seiner Entwicklung nur sich selbst zu überlassen und dürfe ihn nicht der Herrschaft von Autoritäten aussetzen.

Eine gemäßigtere Richtung wird mit dem demokratischen Erziehungsstil vorgeschlagen, der aber von dem gleichen humanistischen Ideal ausgeht, daß der Mensch von Natur aus gut, vernunftbegabt und gleichwertig sei. Nur auf dieser Grundlage ist das Zusammenleben allein nach demokratischen Rechten und in der Achtung der Freiheit des anderen möglich, ohne daß jemand zu etwas gezwungen werden muß.

Die Erziehungsgedanken, die uns sagen, daß positives Zusammenleben allein auf genügender Zuwendung und Liebe der Eltern basiert, gehen von dem gleichen falschen Ideal des Menschen aus. Deutlich wird dies an der schon genannten These: „Wer sein Kind liebt, braucht es nicht zu erziehen."

Andere meinen, mit der klienten-orientierten Gesprächstherapie, wie sie von Rogers veröffentlicht wurde und von Th. Gordon mit dem Buch „Familienkonferenz" für die erzieherische Situation angewandt wird, die Lösung gefunden zu haben. Th. Gordon sieht in der Methode des „aktiven Zuhörens", die er in seinem „Elterlichen Effektivitätstraining" anbietet, einen Weg, bei dem „ein für allemal auf jede Art von Bestrafung verzichtet werden kann" (2/S. 13).

In Rogers Forderung nach totaler Zurückhaltung von Rat und Wegweisung zeigt sich klar der Ursprung der Gesprächstherapie. Er glaubt wie alle Humanisten, daß der Mensch im Grunde gut sei und deswegen von sich aus den Weg zur Lösung seiner Probleme finden wird.

Ob wir nun noch die Gedanken der Tiefenpsychologie oder Verhaltenstherapie hinzufügen, alle gehen von einem Menschenbild aus, das wir Christen als falsch bezeichnen müssen.

Das heißt nun nicht, daß wir alle Therapiemaßnahmen und Ratschläge in Bausch und Bogen verwerfen. Aber wir sollten sorgfältig untersuchen, ob sie mit unserem christlichen Menschenbild vereinbar sind.

Wir kommen immer wieder zu diesem Schluß: Mein Menschenbild wird konsequenterweise meinen Erziehungsstil prägen. Den Gedanken zum Autonomiebestreben des Menschen, dem Wahrheitsbegriff und dem Menschenbild, wie sie vom Humanismus entwickelt wurden und auf denen die moderne Soziologie, Psychologie und Pädagogik in ihrer Therapie aufbauen, können wir als Christen nicht uneingeschränkt folgen.

Unser Wahrheitsbegriff und unser Menschenbild ist

anders. Gerade deshalb müssen unsere Gedanken und Bestrebungen in der Erziehung in wesentlichen Bereichen in eine andere Richtung gehen.

Francis Schaeffer schreibt in dem Nachwort seines Buches „Wie können wir denn leben" (seinen Ausführungen verdanke ich viel Einsicht in diese Zusammenhänge): „Wir sollten als Christen nicht nur die richtige Weltanschauung kennen – die Weltanschauung, die uns die Wahrheit über das Sein gibt –, sondern wir sollten gemäß dieser Weltanschauung bewußt handeln und die Gesellschaft in allen Teilen und Teilaspekten des Lebens so weitgehend beeinflussen, wie es unseren persönlichen Fähigkeiten und unseren gemeinsamen Möglichkeiten entspricht" (5/S.257).

Wie sieht nun der christliche Standpunkt aus?

Eigentlich erwähnen alle psychologischen Richtungen Probleme zwischen Eltern und Kindern, wie wir sie auch sehen, nur werden wir diese Probleme nicht verabsolutieren.

Ganz gewiß gibt es einen falschen Gebrauch elterlicher Autorität, der auf ungute Weise Macht über das Kind ausübt und es dirigiert, aber deswegen muß nicht alle elterliche Autorität abgelehnt werden.

Schon allein vom Menschenbild der Bibel her werden wir die Würde unserer Kinder achten – sie sind eine Gabe Gottes an uns –, aber deswegen sind wir nicht Gleichwertige und wissen, daß das Zusammenleben nicht allein aufgrund von Vorschlägen und Anregungen gelingen wird. Aus der Ausgeglichenheit und Geborgenheit unseres Glaubens heraus werden wir unseren Kindern vielleicht mehr Liebe und Zuwendung geben können als manche unzufriedene, problembeladene Eltern. Allerdings dürfen wir uns nicht dem Trugschluß hingeben, daß bei genügend Liebe und Verständnis Erziehung überflüssig wird. Das Gespräch mit unseren Kindern und aufmerksames Zuhören ist ungemein nötig, aber damit können nicht alle entstehenden Konflikte in der Familie gelöst werden.

Alle diese Elemente des Zusammenlebens sehen wir sehr wohl und sind auch dankbar für Erziehungsvorschläge, geben ihnen aber aufgrund unseres christlichen Menschenbildes eine andere Wertigkeit in unserem bibelorientierten Erziehungskonzept.

Selbstverständlich gibt es im menschlichen Leben Elemente von bestimmendem Einfluß. Die Bibel sagt unmißverständlich, daß der Mensch ernten wird, was er sät (Galater 6,7). In der Sprache der Psychologie ausgedrückt, sagt dieser Bibelvers, daß die Anregungen, die ich in der Erziehung weitergebe, ihre prägende Wirkung haben werden. Trotzdem bleibt zweifelhaft, ob man aufgrund der vorgefundenen äußeren Einflüsse den Menschen in seiner Totalität erklären kann.

An anderer Stelle sagt die Bibel, daß jedes menschliche Individuum ein im Bilde Gottes geschaffenes Wesen ist, ausgestattet mit Würde und fähig zur freien Willensentscheidung. Jeder Mensch ist ein von Gott geschaffenes Original mit all seinen Begrenzungen, aber auch Fähigkeiten. Wir müssen als Eltern auch diese angeborenen Verhaltensmerkmale sehen und unsere Kinder demgemäß erziehen. Ein Bibelvers aus den Sprüchen macht dies unmißverständlich deutlich: „Erziehe den Knaben seinem Weg gemäß (das heißt seiner Natur angemessen); er wird nicht davon weichen, auch wenn er alt wird" (Sprüche 22,6). Die Entwicklung eines Kindes wird nach den Aussagen der Bibel sowohl von seinen Persönlichkeitsmerkmalen als auch von den Umwelteinflüssen bestimmt, ohne daß wir uns unbedingt auf die prozentualen Anteile der jeweiligen Einflüsse festlegen müssen.

Dem Menschenbild der Bibel folgend werden wir da, wo andere fordern, elterliche Autoritäten abzubauen, elterliche Autorität aus der Wesensart und Liebe Gottes heraus ausüben. Wo andere Freiraum für die Entfaltung des Kindes fordern und jedes Eingreifen als schädigend ansehen, werden wir unsere Kinder unterweisen, Regeln für unser Zusammenleben erarbeiten und auf deren Einhaltung achten; unter Umständen auch mit Disziplin. Es geht nicht anders! Der Mensch hat in sich einen Hang zum Destruktiven. Er ist verstrickt in eine existentielle „Ursünde", und nur ein neues Leben aus Jesus heraus kann ihm helfen, darüber Herr zu werden.

Wir sehen also: so wie das humanistische Menschenbild einen gewissen Erziehungsstil aufzeigt, gibt uns auch das biblische Menschenbild Richtlinien zur Erziehung mit. Wir müssen uns entscheiden, welchem Menschenbild wir Glauben schenken wollen. Neutralität ist nicht möglich: denn unser Menschenbild wird unseren Erziehungsstil prägen!

DAS ERZIEHUNGSMODELL DER BIBEL

Unser Gott ist ein Vatergott

Zunächst finden wir in der Bibel viele direkte Aussagen und Anweisungen zur Kindererziehung. Darüber hinaus gibt es eine Fülle von indirekten Hinweisen von den ersten bis zu den letzten Seiten.

Fragen zur Kindererziehung sind kein isolierter Bereich des christlichen Lebens und betreffen selbstverständlich nicht nur das Verhalten der Kinder, sondern auch das der Eltern. So finden sich alle Aspekte christlichen Zusammenlebens auch in der intimen Atmosphäre des Familienlebens wieder. Was wir von den Kindern erwarten, wird zunächst von uns erwartet. Gehorsam zum Beispiel ist nicht nur eine Forderung, die unsere Kinder betrifft. Wir als Eltern sind davon genauso betroffen in unserem Gehorsam Gott gegenüber. So haben alle Aussagen der Bibel zum Zusammenleben von Christen auch für die Familie ihre Bedeutung.

Den eigentlichen Schlüssel für den Zugang zum Erziehungsmodell der Bibel finden wir in dem Hinweis, daß unser Schöpfergott als Vater vorgestellt wird, dessen Kinder wir sind.

„Sehet, welch eine Liebe hat uns der Vater gezeigt, daß wir Gottes Kinder heißen sollen" (1. Johannes 3,1). Bewußt wird hier ein Beispiel aus der uns vertrauten Welt der Familie gewählt. Oder denken wir nur an das Gebet, das Jesus seinen Jüngern gelehrt hat und das viele Christen Sonntag für Sonntag beten: „Unser Vater, der du bist im Himmel ..." (Matthäus 6,9). „Sorget nicht um euer Leben ... euer himmlischer Vater weiß, daß ihr das alles bedürft" (Matthäus 6,25+32). „Denn alle, die sich vom Geiste Gottes leiten lassen, sind Gottes Kinder ... Ihr habt einen Geist der Kindschaft empfangen, in welchem wir rufen: Abba, Vater" (Römer 8,14+15).

Aus unserer geistlichen Beziehung als Kinder zu unserem Vatergott können wir viele Parallelen feststellen zu unserer Beziehung als Eltern gegenüber unseren Kindern. So wie uns Gott in geistlicher Hinsicht in der Bibel vorgestellt wird und uns als seinen Kindern begegnet und uns erzieht, so sollen wir uns auch unseren Kindern gegenüber geben und sie erziehen.

In diesem Vergleich wird uns eine enorme Orientierungshilfe für den Umgang mit Kindern gegeben. Voraussetzung ist natürlich, daß wir nicht ein falsches bzw. unzulängliches Vaterbild in uns tragen, wie manch einer aufgrund seiner Kindheitserlebnisse mit seinem eigenen Vater.

Um diesen Gedanken folgen zu können, müssen wir als erstes wirklich einen persönlichen Zugang zu unserem Vatergott durch die Erlösung in Jesus Christus erfahren haben und dann in der Bibel die Wesensarten Gottes und sein Umgehen mit dem Menschen studieren. Nur durch solch ein befreites Verständnis können wir unserer Aufgabe als Vater und Mutter wirklich nachkommen.

Gottes Umgang mit uns: Seine Liebe

Gottes Liebe und Güte ist die Grundlage aller Beziehungen zu uns Menschen. Wenn man nachfragt, welche Wesensarten Gottes einem zuerst einfallen, werden vielfach Begriffe wie Strenge, Gerechtigkeit, Zorn, Gericht, Unpersönlichkeit genannt. Diese Begriffe sind oft eine Projektion des eigenen Vaterbildes auf Gott.

Dabei lesen wir in 1. Johannes 4,8 „Gott ist Liebe". Aus Liebe hat er seinen Sohn gesandt, so daß wir wieder Zugang zu seinem Vaterherzen finden können. „So sehr hat Gott die Welt geliebt, daß er seinen eingeborenen Sohn gab, damit jeder, der an ihn glaubt, nicht verloren gehe, sondern ewiges Leben habe" (Johannes 3,16). Oder 1. Johannes 3,1: „Sehet, welch eine Liebe hat uns der Vater gezeigt, daß wir Gottes Kinder heißen."

Wenn wir durch die Wiedergeburt seine Kinder werden, kommen wir dem sonst so fernen Schöpfergott so nahe, daß wir aus tiefem Herzen „Abba, Vater" sagen können. Das aramäische Wort „Abba" kann am besten mit unserem vertrauten Kosewort „Papa" übersetzt werden. Es beschreibt die Innigkeit der Beziehung eines Gotteskindes zu seinem himmlischen Vater.

Diese Liebesbeziehung ist tatsächlich die Basis aller Nachfolge und allen Bestrebens, Gott zur Freude zu leben. Das Erfülltsein mit seiner Liebe gibt uns Zuversicht und Standhaftigkeit in herausfordernden Situationen, „denn die Liebe Gottes ist ausgegossen in unsere Herzen durch den Heiligen Geist, welcher uns gegeben worden ist" (Römer 5,5). Sie schenkt uns auch die Urgeborgenheit und Sinnfülle, die jeder Mensch zu einer gesunden Entwicklung braucht, so daß wir mit David sagen können: „Von hinten und vorn hast du mich eingeschlossen und deine Hand auf mich gelegt" (Psalm 139,5).

Dies ist die grundlegende Art des Umgangs unseres himmlischen Vaters mit uns. Er ist nicht ein Gott der Ferne. Wir sind ihm nicht egal. Er sieht unser Leben, nimmt persönlichen Anteil an uns und möchte uns in eine immer tiefere Liebesbeziehung zu ihm führen. Nur ein Mensch, der solch eine emotionale Geborgenheit kennt, kann ein siegreiches Leben führen. „Wir sind mehr als Überwinder durch den, der uns geliebt hat" (Römer 8,37).

Wenn wir also aus der Sicht der Bibel über eine Vater-Kind Beziehung sprechen, ist die Grundlage und der Anfang aller Beziehungen diese Vaterliebe. Sie gibt uns tiefe Geborgenheit, Ruhe, Ausgeglichenheit, Vertrauen, Freude und Sinnfülle. Auf solch einer Basis können alle anderen Beziehungen gesund aufbauen.

Denke ich an mein eigenes Christsein, dann ist mir bewußt, daß der Antrieb für meine Nachfolge, für mein geistliches Wachstum, für mein Bestreben, Gott zur Freude und Ehre zu leben, aus dieser tiefen Liebe kommt. Diese Liebesbeziehung ist der Motor für mein gesamtes Verhalten in der Nachfolge, so daß ich gern Gottes Geboten nachkomme.

Gottes Umgang mit uns: Seine Unterweisung

Der zweite Wesenszug des Umgangs Gottes mit uns ist, daß er uns in seinem Wort klare Richtlinien für das Zusammenleben mitgegeben hat. Er läßt uns nicht im Unklaren über das, was er von uns erwartet. Er ändert auch nicht laufend seine Meinung oder macht sie von seiner Gemütsverfassung abhängig. Er hat nicht einmal einen guten Tag, an dem er ein Auge zudrückt, und dann wieder schlechte Laune, in der er unerwartet scharf reagiert, so daß man nicht wissen kann, ob das, was gestern galt, auch noch für heute zutrifft.

Nein, Gott gibt wohlbegründete Gebote, die aus seiner Weitsicht und dem Wunsch, das Beste für uns zu tun, kommen und sagt im voraus, was an Gutem eintreffen wird, wenn wir seine Gebote halten. Aber er zeigt auch die negativen Konsequenzen auf, die entstehen, wenn wir unsere eigenen Wege gehen.

Im Umgang mit dem Volk Israel finden wir in der Bibel dafür immer wieder Beispiele, z.B. in 5. Mose 28,1-2: „Es wird aber geschehen, wenn du der Stimme des Herrn, deines Gottes, wirklich gehorchst und darauf achtest, zu tun alle seine Gebote, die ich dir heute gebiete … alle diese Segnungen werden über dich kommen und dich treffen, wenn du der Stimme des Herrn, deines Gottes, gehorchst." Und dann werden die positiven Erfahrungen aufgezählt. Andererseits wird ab Vers 15 aber auch gesagt, welche negativen Folgen eintreten werden, wenn die Bereitwilligkeit zum Gehorsam nicht da ist.

Es mag Gebote geben, die wir aus unserer Sicht zunächst nicht verstehen oder gegen die wir sogar rebellieren wollen. Aber wir dürfen eins wissen: Keins der Gebote Gottes ist aus Willkür oder aus einer autoritären Schulmeisterei entstanden, um uns unterwürfig und unmündig zu halten, sondern aus reiner Vaterliebe. Gott hat den Überblick und will das Beste für uns, auch wenn wir es nicht verstehen sollten.

Unser Vater im Himmel nennt uns seine Gebote, aber er überfordert uns nicht dabei, sondern verspricht, uns nahe zu sein und zu unterweisen und zu beraten.

Psalm 32 gibt uns einen guten Einblick in die Erziehungsstrategie Gottes mit uns: „Ich will dich unterweisen und dir den Weg zeigen, den du wandeln sollst; ich will dich beraten, mein Auge auf dich richtend" (Vers 8). Zunächst versichert Gott seine Nähe, Liebe und Zuwendung. Wir sind niemals allein, seine Vateraugen sind auf uns gerichtet, und wir dürfen uns dieser Liebe und Zuwendung in jeder Situation bewußt sein.

Darüber hinaus sagt er, daß er klare Zielsetzung und Richtlinien für unser Leben hat. Einen Weg, den wir gehen sollen, auf dem er uns ganz individuell unterweisen und beraten will.

In diesem Psalm gehen die Gedanken aber noch weiter. „Seid nicht wie Rosse und Maultiere, ohne Verstand, welchen man Zaum und Gebiß anlegen muß, da sie sonst nicht zu dir nahen" (Vers 9). Gott wird konsequent hinter seinen Geboten stehen und darauf achten, daß wir sie durchführen, und uns notfalls auch lenken.

Er deckt uns also sein pädagogisches Konzept klar auf: Aus Liebe, Weitsicht und persönlicher Anteilnahme an unserem Leben nennt er zu unserem Besten klar formulierte Gebote. Sein Wunsch ist, daß wir unter seiner „Augenleitung" (sicherlich eine angenehme Beziehung) diese Gebote befolgen. Er beläßt es aber in seinem Erziehungskonzept nicht allein bei Anregungen und Vorschlägen. Da er weiß, daß sich die Menschen auch wie „Rosse und

Maultiere" gebärden können, sagt er, daß er auch zu „Zaum und Gebiß" greifen wird. Sicherlich eine unangenehmere Erfahrung als die Augenleitung.

Gottes Umgang mit uns: Seine Zucht

Die Bibel kennt also in ihrem Erziehungskonzept ganz klar den Begriff der Konsequenz und Disziplin: ein „luststörendes" Eingreifen des Erziehers, das aber nicht aus Willkür oder Prinzipienreiterei geschieht, sondern aus echter Anteilnahme und Liebe. Hinter allem erzieherischen Eingreifen Gottes stehen seine Güte und Liebe.

Es wird in vielen Bibelstellen deutlich: Ungehorsam klar formulierten Geboten gegenüber hat Konsequenzen, aber die Basis der bedingungslosen Liebe bleibt bestehen.

„Wenn seine Söhne mein Gesetz verlassen und nicht in meinen Verordnungen wandeln, wenn sie meine Satzungen entheiligen und meine Gebote nicht beachten, so will ich ihre Sünden mit der Rute heimsuchen und ihre Missetat mit Schlägen; aber meine Gnade will ich ihm nicht entziehen" (Psalm 89,31-34). Oder: „Ich will sein Vater sein, und er soll mein Sohn sein. Wenn er eine Missetat begeht, will ich ihn mit Menschenruten züchtigen und mit Schlägen der Menschenkinder strafen. Aber meine Gnade soll nicht von ihm weichen" (2. Samuel 7,14).

Sicherlich eine drastische Sprache, aber vom Menschenbild der Bibel her gesehen ganz logisch. Die Basis des Zusammenlebens ist die bedingungslose Liebe, d.h. eine Liebe, die nicht vom momentanen Verhalten abhängig ist. Ob Wohlverhalten oder Ungehorsam vorliegt, der Bezug der Gnade und Liebe zwischen Vater und Kind bleibt bestehen. Auf dieser Liebe gründen die Richtlinien für das Zusammenleben, auf deren Einhaltung mit Disziplin geachtet wird.

In Hebräer 12,6-11 wird noch einmal zusammenfassend aufgeführt, daß Strafe Gottes, wenn sie notwendig ist, aus Liebe und nicht aus Willkür und Prinzipienreiterei geschieht. „Mein Sohn, achte nicht gering die Züchtigung des Herrn und verzage nicht, wenn du von ihm gestraft wirst. Denn welchen der Herr lieb hat, den züchtigt er, und er geißelt einen jeglichen Sohn, den er aufnimmt."

Diese Verse haben schon bei manch einem Unbehagen ausgelöst und sind sicherlich oft falsch interpretiert worden. Sie sagen nicht, daß Gott mit einer Peitsche dasteht und unkontrolliert oder unbegründet auf uns einschlägt, weil es nun eben zu seiner „Liebe" gehört. Dieses Denken entspringt eher einem falschen Vaterbild. Gottes erstes Prinzip ist seine „Augenleitung". Er will uns nicht strafen. Denn Strafe um der Strafe willen entspricht in keiner Weise seiner Vaternatur.

In 1. Korinther 11,31 lesen wir die bezeichnende Aussage: „Wenn wir uns selbst beurteilten, würden wir nicht gerichtet werden; werden wir aber vom Herrn gerichtet, so geschieht es zu unserer Züchtigung, damit wir nicht samt der Welt verdammt werden."

Wenn uns also die Gebote Gottes den Maßstab für unser Verhalten setzen, dann besteht kein Anlaß zur Züchtigung. Aber unser Vater im Himmel wird in den entsprechenden Situationen zu „Zaum und Zügel" greifen, eben weil wir ihm nicht gleichgültig sind und er uns als seine Kinder liebt.

Dies wird in den folgenden Versen des Hebräerbriefes erläutert: „Denn jene (unsere leiblichen Väter) haben uns für wenige Tage gezüchtigt, nach ihrem Gutdünken; er aber zu unserem Besten, damit wir seiner Heiligkeit teilhaftig werden. Alle Züchtigung aber, wenn sie da ist, dünkt uns nicht zur Freude, sondern zur Traurigkeit zu dienen; hernach aber gibt sie eine friedsame Frucht der Gerechtigkeit denen, die dadurch geübt sind (Hebräer 12, 10-11). Gottes Gedanken hinter seinen Geboten und seiner Zucht sind zu unserem Besten, geboren aus seiner Anteilnahme und Liebe zu uns.

Noch einen Gedanken müssen wir in diesem Zusammenhang erwähnen. Wenn wir etwas falsch gemacht haben, erwartet unser himmlischer Vater, daß wir zu ihm kommen, uns zu unseren Fehlern bekennen, entschuldigen und sie sein lassen wollen. „Wer seine Missetaten verheimlichen will, wird kein Gelingen haben, wer sie aber bekennt und läßt, der wird Barmherzigkeit erlangen" (Sprüche 28,13). „Wenn wir aber unsere Sünden bekennen, so ist er treu und gerecht, daß er uns die Sünden vergibt und uns reinigt von aller Ungerechtigkeit" (1. Joh. 1,9).

Kommen wir mit dieser Haltung zu ihm, vergibt er uns und schenkt einen Neuanfang, bei dem an das Alte nicht mehr gedacht wird. „Ich, ich tilge deine Übertretungen um meinetwillen und gedenke deiner Sünden nimmermehr" (Jesaja 43,25). Oder: „Ich vertilge deine Übertretungen wie eine Wolke und deine Sünden wie den Nebel. Kehre dich um zu mir, denn ich habe dich erlöst" (Jesaja 44,22).

Wenn Gott vergeben hat, dann hat er auch vergessen. Bei ihm gibt es kein Nachtragen, das noch über Tage anhält und die Atmosphäre des Zusammenlebens vergiftet.

Wenn wir anfangen, über die Wesenszüge des Umgangs Gottes mit uns als seinen geistlichen Kindern nachzudenken, werden wir eine Fülle von Hinweisen für den Umgang mit unseren eigenen Kindern bekommen.

Natürlich müssen wir, wie bei allen Vergleichen und Bildern, darauf achten, daß wir nicht überinterpretieren. Nicht alle Wesenszüge Gottes lassen sich auf die Familie projizieren. Schon allein der Gedanke, daß wir für unsere Kinder keine „Gottheiten" sind, läßt uns bei der Interpretation die Grenzen sehen. Aber in Epheser 5,1 haben wir den Hinweis: „Werdet nun Gottes Nachahmer als geliebte Kinder". Es ist ganz eindeutig, daß wir ihn auf jeden Fall in diesen drei Wesenszügen nachahmen sollen: Liebe, Unterweisung und Zucht!

In der wohl eindeutigsten Aussage zur Kindererziehung im Neuen Testament, in Epheser 6,4, finden wir diese Dreigliederung des biblischen Erziehungskonzeptes wieder vor: „Ihr Väter, reizet eure Kinder nicht zum Zorn, sondern ziehet sie auf in der Zucht und Ermahnung des Herrn." Diesen negativen Begriff, unsere Kinder nicht zum Zorn zu reizen, d.h. ungeduldig, ungerecht, unwirsch zu sein, können wir auch mit dem entsprechenden positiven Begriff umschreiben: Ihnen die nötige Wärme, Geborgenheit, Zuwendung und Liebe geben. Dann werden dazu die Begriffe der „Ermahnung" und „Zucht" genannt.

Wir kommen also zu dem Schluß, daß das Wort Gottes auf der Grundlage des biblischen Menschenbildes von einem dreifachen Erziehungsmodell spricht. Dies ist ein einfaches, aber klar umrissenes Konzept, das allen christlichen Eltern helfen wird im Zusammenleben und in der Verantwortung für ihre heranwachsenden Kinder:

Die Basis der bedingungslosen Liebe
Ein Zusammenleben mit klaren Regeln
Überwachung mit Konsequenz und Disziplin

Seit 10 Jahren haben wir unser Familienleben unter diese drei Ziele gestellt. Dadurch sind wir aus innerer Unruhe und Ungewißheit, vieles vielleicht falsch zu machen, zur Ruhe und Sicherheit im Umgang mit unseren Kindern gekommen. Wir wissen, daß wir den richtigen, den biblischen Weg gehen. Besonders in schwierigen Erziehungssituationen, wo wir zunächst ratlos waren und manchmal kopflos zu werden drohten, haben wir uns auf diese Grundlage besonnen und dadurch Hilfe erfahren. Es sind Gottes Gedanken für unser Familienleben, und wir werden immer auf dem richtigen Weg sein, wenn wir uns an sie halten.

Wir haben Fehler gemacht und lernen immer noch, wie die „bedingungslose Liebe" in der Spannung des Alltags verwirklicht wird. Wir haben uns immer zu fragen und mit den Kindern darüber auszutauschen, welche Konsequenzen zum Wohl und nicht zum Schaden des Kindes sind.

DIE BASIS UNSERES ZUSAMMENLEBENS

Unserer Ansicht nach war es sehr wichtig, zuerst die theoretische Grundlage gelegt zu haben, bevor wir nun die Praxis des Zusammenlebens in der Familie durchleuchten.

Dieses Buch ist eins von vielen, das zur Kindererziehung geschrieben wurde. Sie selbst müssen Ihren Maßstab für den Umgang mit Ihren Kindern finden. Wir haben uns deshalb so intensiv mit den Gedanken des Humanismus und den verschiedenen Erziehungsstilen beschäftigt, damit Sie mehr Klarheit über Ihr eigenes Erziehungskonzept bekommen. Sie müssen entscheiden, auf welchem Menschenbild Sie Ihre Erziehung aufbauen wollen: dem des Humanismus, das besagt, daß der Mensch im Grunde genommen gut sei und sein Leben allein meistern kann, oder dem der Bibel, die sagt, daß der Mensch existentiell in „Ursünde" verhaftet ist durch seine Trennung von Gott und deswegen sein Leben nicht allein meistern kann, sondern die Erlösung und Hilfe durch Jesus Christus braucht.

Zu diesen beiden konträren Aussagen läßt sich keine Synthese finden. Sie müssen sich entscheiden! Bitte vergessen Sie diesen Satz nicht: „Ihr Menschenbild wird konsequenterweise Ihren Erziehungsstil prägen!"

So wie sich mit dem humanistischen Menschenbild gewisse Schwerpunkte für den Erziehungsstil bilden, so auch nach biblischem Modell. Die Grundsäulen der Erziehung aus biblischer Sicht haben wir herausgearbeitet: bedingungslose Liebe, Unterweisung, Zucht!

Wir sind uns bewußt, daß wir mit diesem Begriff der „bedingungslosen Liebe" einen hohen Maßstab setzen, dem wir sicherlich nicht jeden Tag gerecht werden. Aber als Ziel unseres Bemühens sollten wir ihn nicht aus den Augen verlieren.

Unter „bedingungsloser Liebe" verstehen wir eine Zuwendung, die sich nicht abhängig macht von dem momentanen Verhalten des Kindes. Es ist sicherlich falsch, ein Kind, das sich angepaßt verhält, mit Liebeserweisen und Zuwendung zu überschütten, es aber mit Verachtung und Kälte zu strafen, wenn es sich unangepaßt verhält. Unser Kind darf den Ausdruck des Angenommenseins niemals verlieren, auch wenn Zurechtweisung und Strafe sein müssen.

Für manchen mag dies zunächst ein Widerspruch sein, daß eine Person gleichzeitig lieben und strafen kann. In diesem Fall liegt sicherlich ein falsches Verständnis von Liebe vor. Echte Liebe wird immer ein gewisses Gleichgewicht von zärtlicher Zuwendung und verbietender Konsequenz und Grenzziehung in sich vereinen.

Die Bibel zeigt, daß dies möglich ist. In dem Bild des himmlischen Vaters wird es immer wieder betont: Gott straft, läßt seine Gnade aber nicht weichen. „So schaue nun die Güte und Strenge Gottes" (Römer 11,22). Liebe und Konsequenz lassen sich in einer Person vereinen!

Hier werden wir Eltern gefordert. Es ist nicht einfach; aber als christliche Erzieher, die wir um unsere persönlichen Mängel wissen, stehen wir nicht allein da. Wir können zunächst selbst auftanken im Liebesreservoir Gottes, um dann diese Liebe weiterzugeben. Wir sind nicht auf uns allein angewiesen, sondern können als Empfangende Gottes Zuwendung weitergeben, ohne unbedingt auf eine Rückmeldung angewiesen zu sein.

Dies ist die Not vieler Eltern. Aus einem persönlichen Defizit an Liebe, die sie vielleicht nicht mehr von ihrem

Ehepartner bekommen, versuchen sie die Zuwendung ihrer Kinder zu erkaufen. Sie spielen sie durch Süßigkeiten, Geschenke und Versprechen gegen den anderen Elternteil aus und binden sich gefühlsmäßig so stark, daß sie schließlich ganz ihren Launen ausgesetzt sind. Weil sie nicht wagen, „nein" zu sagen, stehen sie schließlich unter der Tyrannei ihrer Kinder.

Die Kraft für unseren Erziehungsalltag können wir letzten Endes nicht bei unserem Ehepartner oder bei unseren Kindern holen; sie können uns lediglich Stütze oder Ermutigung sein, wenn sie dazu in der Lage sind.

Binden wir uns an Menschen, sind wir auch abhängig von allen „Hochs und Tiefs" des Menschseins und werden immer wieder enttäuscht werden. Binden wir uns aber an Jesus Christus, haben wir hier eine Quelle der Zuwendung und Liebe, die unerschöpflich ist: „Kommet her zu mir alle, die ihr mühselig und beladen seid, so will ich euch erquicken! Nehmet auf euch mein Joch und lernt von mir; denn ich bin sanftmütig und von Herzen demütig; so werdet ihr Ruhe finden für eure Seele" (Matthäus 11,28+29).

In diesen Versen werden zentrale Aussagen für unseren Erziehungsalltag gemacht. Was wir brauchen, ist Ruhe und Ausgeglichenheit in unserer Psyche! Dann werden wir den Herausforderungen ganz anders begegnen können. Woher bekommen Sie die Reserven für die manchmal nervenaufreibenden Situationen des Alltags?

Unsere persönliche Beziehung zu Jesus Christus

Für uns als Ehepaar und Erzieher bewirkt die persönliche Glaubensbeziehung zu Jesus Christus Tag für Tag die nötige Ruhe und Geborgenheit für den Umgang mit unseren Kindern. Dabei ist diese Beziehung nicht plötzlich vorhanden gewesen, sondern unterlag einem Reifeprozeß, der noch lange nicht abgeschlossen ist. Wenn wir unser Gebetsleben oder unser Nachdenken über dem Wort

Gottes vernachlässigen, ist ein gewisses emotionales Defizit da, was sich sofort in der zwischenmenschlichen Beziehung bemerkbar macht durch Nervosität, Unzufriedenheit, Angst, Sorge, Ungeduld oder Unbeherrschtheit. Das gleiche gilt, wenn wir der Sünde Raum lassen in unserem Denken und Handeln. Wir wissen, wovon wir sprechen, und kennen unsere Unzulänglichkeiten, können aber um so dankbarer auf die Vergebung Jesu und die Kraft des Heiligen Geistes schauen.

In unserer Beziehung zu Jesus lernen wir mehr und mehr, seine Gesinnung zu übernehmen und die Früchte des Heiligen Geistes in uns zu verwirklichen: „Die Frucht des Geistes aber ist Liebe, Freude, Friede, Geduld, Freundlichkeit, Gütigkeit, Treue, Sanftmut, Selbstbeherrschung" (Gal. 5,22).

Wir sehen, daß jede einzelne dieser aufgezählten Tugenden enorm wichtig ist für unser Zusammenleben und so die Atmosphäre in unserer Familie schafft, die unsere Kinder zu einer gesunden Entwicklung brauchen. Durch unsere Beziehung zu unserem himmlischen Vater können wir lernen, dieses göttliche Vaterbild unseren Kindern zu vermitteln und ihnen so die nötige Geborgenheit und Sicherheit, Vertrauen und Liebe zu geben.

Nur auf solch einer gesunden, emotionalen Beziehung kann dann Unterweisung und auch Disziplin segensbringend sein. Fehlt diese Basis, werden Schäden die Folge sein.

Als christliche Erzieher haben wir eine unvergleichliche Chance, eine Kraftquelle, die andere nicht haben. Lernen Sie, was es für Sie persönlich heißt, aus der Ruhe und Liebe Jesu Christi heraus zu handeln.

Die Tiefe, aber auch der Mangel unserer persönlichen Beziehung zu Gott haben ihren direkten Einfluß auf das Verhalten unserer Kinder. Probleme mit Kindern sind vielfach Ausdrucksformen unserer eigenen Probleme. Nervöse, überängstliche Kinder haben vielfach nervöse, überängstliche Mütter oder Väter. Wir haben die Möglichkeit, aus der Kraft Gottes heraus selbst Heilung zu erfahren. Lassen Sie sich ermutigen, sich in diesen geistlichen Wachstumsprozeß hineinnehmen zu lassen.

Dazu gehört ein regelmäßiges Nachdenken über das Wort Gottes, um seine Wahrheit zu erkennen und Reinigung der Seele erfahren zu können; geregelte Gebetszeiten allein und mit dem Ehepartner, um sich aussprechen und persönlich auf die Impulse Gottes hören zu können; ein Leben nach den Prinzipien der Bibel, in dem der Sünde kein Raum gelassen wird, und Annahme von Belehrung und Korrektur in einer verbindlichen Gemeinschaft von Christen.

Unsere eheliche Beziehung

So wie unsere persönliche Beziehung zu Gott in direkter Weise die Beziehung zu unseren Kindern prägt, so hat unsere eheliche Beziehung ihre direkte Auswirkung auf das Verhalten unserer Kinder.

Es ist nicht einfach, in unserer Gesellschaft eine Ehe nach biblischen Maßstäben zu führen. Man kann den Eindruck gewinnen, daß das Ehe- und Familienleben konstant unter dem Beschuß des Widersachers steht. Bringt Satan es fertig, einen Keil zwischen Eltern und Kinder und zwischen die Ehepartner zu treiben, hat er auch das persönliche Leben und das Leben in der Gemeinde zerstört. Wir sollten diese Gefahr sehen und ihr entgegenarbeiten.

Zeiten der gemeinsamen Entspannung

Wir sind jetzt 12 Jahre verheiratet und haben nie Schwierigkeiten miteinander gehabt. Wir wußten und wissen, daß wir das nicht als selbstverständlich nehmen können. Unser Alltag ist sehr angespannt, gerade auch dadurch, daß der Mann viel auf Reisen ist und die Frau als Mutter und Hausfau 11 Kinder zu versorgen hat.

Deshalb achten wir auf Momente der gemeinsamen

Entspannung. Dazu gehören z.B. morgens einige Minuten des Gebetes und des Gespräches über den Tagesablauf. Nach dem Mittagessen sitzen wir bei einer Tasse Tee zusammen, um auszutauschen über das, was anfällt: Sorgen mit den Kindern, Einkäufe, Reparaturen u.a. Die Kinder haben es lernen müssen, uns für diese halbe Stunde allein zu lassen. Sie sehen ein, daß wir diese Zeit brauchen.

Darüber hinaus planen wir aber auch Zeiten für uns beide ein, um die Gemeinsamkeit in unserer Ehe zu pflegen und zu vertiefen: gemütliche Abende, Ausgehen, Kino, Theater (natürlich mit entsprechenden Programmen), Reiten, Spaziergänge, gemeinsame Lektüre in der Bibel. Sagen Sie nicht, daß Sie in Ihrer Familie keine Zeit dazu finden können. Wo ein Wille ist, ist auch ein Weg. Wir sind ja auch sonst in der Lage, alles mögliche, was wir uns in den Kopf gesetzt haben und unbedingt haben wollen, auch durchzusetzen. Es läßt sich immer eine Oma, eine Tante, ein Nachbar, eine Freundin als ein Babysitter finden! Vielleicht ist Ihnen dieses Anliegen noch nicht ernst genug.

Wir sind erschrocken über das abgestumpfte Nebeneinanderherleben in vielen (auch jungen) Ehen. Als einzige Themen bleiben manchmal nur die Anschaffungen und die Ungezogenheiten der Kinder. Vielfach sind die Kinder der einzige Halt. Wenn sie dann aus dem Haus gehen oder vielleicht schon vorher, geht die Ehe in die Brüche. In dieser Gefahr stehen wir alle, auch als christliche Eltern!

Wir wissen, daß uns die Kinder als eine Gabe Gottes für eine Reihe von Jahren anvertraut sind. Sie werden dann ihre eigenen Wege gehen, und wir werden wieder allein sein. Unsere Kinder werden uns einmal verlassen; wir beide aber werden zusammenbleiben, bis der Tod uns scheidet. Deshalb können und dürfen die Kinder nicht all unser Denken und Handeln ausfüllen. Ein gewisser Teil muß für die Ehe freigehalten bleiben.

So bemühen wir uns, auch wenn nicht viel Zeit zur Verfügung steht, in unserer großen Familie ein intensives Leben zu zweit zu führen, mit all den romantischen Zügen, wie wir sie aus der Verlobungszeit kennen. Dadurch bleibt unsere Beziehung natürlich, frisch, voller Erotik und Liebe und ist uns Ermutigung und Stärkung für den Alltag.

Dieser gesunde Egoismus zu zweit hat seine erzieherische Wirkung auf die Kinder. Dessen sind wir uns bewußt. Die Ehe der Eltern ist das erste und wohl auch prägendste Modell für die spätere eigene Ehe der Kinder. Hier sehen sie, wie man miteinander umgeht, miteinander spricht, Probleme löst, Zärtlichkeiten austauscht, Aufmerksamkeiten weitergibt oder wie man sich zankt, aus dem Wege geht, anschreit, Partei ergreift, Vorwürfe macht und trotzdem immer wieder zusammenfindet. Wir wissen, daß unser Umgang miteinander Einfluß haben wird auf die Partnerwahl und die Gestaltung der Ehe unserer Kinder.

Biblische Aufgabenteilung

Eins habe ich als Mann in den letzten Jahren besonders lernen müssen: meine biblische Verantwortung als Haupt der Familie wirklich wahrzunehmen und meine Frau von Dingen zu entlasten, die sie nicht tragen konnte.

Dazu gehörte, daß endlich die Reparaturen durchgeführt wurden, die schon lange anstanden, weil ich keine Lust dazu hatte. Man will es manchmal nicht wahr haben, wie der häusliche Frieden ins Wanken geraten kann, wenn ein Wasserhahn in der Küche wochenlang tropft, trotz wiederholter Bitte der Hausfrau um Behebung. Hier haben wir Männer wohl alle unsere Lektion zu lernen, um gerade in diesen kleinen Dingen unsere Liebe und Fürsorge zu zeigen.

Bei meinem Engagement im Beruf und Reich Gottes habe ich mit dem Wachsen der Familie viele Bereiche, ohne daß darüber gesprochen wurde, meiner Frau überlassen. Zum Beispiel den Garten, die Schule, Großeinkäufe, Finanzen, gewisse Erziehungsfragen. Schließlich kam sie nicht mehr klar, war überfordert, ohne selbst sagen zu können, wodurch. Sie stöhnte zwar, aber ich antwortete immer ziemlich gedankenlos: Was hast du nur? Du machst es doch gut! Du wirst es schon schaffen! Dann war ich schon wieder mit meinen Angelegenheiten beschäftigt.

Bis ich in der Stillen Zeit beim Gebet für meine Frau darauf kam, daß nicht nur Gott ihr Kraft geben muß, sondern auch ich mehr Verantwortung wahrzunehmen habe und ihr Arbeit abnehmen muß.

Wir setzten uns zusammen und sprachen alle Arbeitsbereiche unserer Familie durch. Es war ein Unding, daß meine Frau die Verantwortung für den Garten hatte. Künftig war es meine und der Kinder Aufgabe, ihn in Schuß zu halten..

Bis zu unserem Gespräch wußte ich nicht, daß Claudia eine Abneigung gegen Verhandlungen mit der Schule, Gespräche mit Lehrern und Elternabende hatte. Ich übernahm auch diesen Bereich. Er fing ja ganz harmlos mit wenigen Schulkindern an und hat sich auf zuletzt acht Schulkinder gesteigert.

Dann sagte sie, daß sie es gern sehen würde, wenn ich in der Haushaltsplanung mithelfen würde. So stellten wir nun den Speiseplan für jeweils eine Woche gemeinsam zusammen. Ich habe festgestellt, daß es mir sogar Freude macht und natürlich auch eigene Wünsche berücksichtigt werden können.

Wir erledigen nun auch die Großeinkäufe gemeinsam. Dazu kamen noch einige andere Bereiche. Ich habe erst jetzt begriffen, wie schwer der Beruf einer Hausfrau ist und was für ein Trottel ich war, so viel auf den Schultern meiner Frau zu lassen.

Ich kann nicht sagen, daß es mir unbedingt Spaß gemacht hat, mich in diese Aufgaben einzuarbeiten. Ein Bibelseminar abzuhalten oder einen Hauskreis zu leiten war auf jeden Fall interessanter. Aber ich übernahm die Aufgabe, weil ich die Verantwortung als Haupt der Familie hatte und meine Frau liebte. Und obendrein bekam ich auch meine Belohnung. Claudia wurde wesentlich ausgeglichener und fröhlicher; sie blühte regelrecht auf, als sie sah, daß ich nicht nur große Worte machte, sondern wirklich Verantwortung übernahm.

Schon die Bibel spricht von einer Aufgabenverteilung zwischen Mann und Frau. Es gibt Verantwortungsbereiche und Entscheidungssituationen, die müssen wir als Männer unseren Frauen abnehmen und ihnen damit einen Schutzbereich geben, in dem sie kreativ tätig sein können. Andererseits müssen Ehefrauen auch bereit sein, gewisse Aufgaben ihrem Mann abzugeben und sich ihm anzuvertrauen.

Frauen, die sehen, daß ihre Männer ihre Verantwortung als Haupt der Familie in Liebe und Hingabe wahrnehmen, haben dann weniger Schwierigkeiten, sich ihrem Mann anzuvertrauen und unterzuordnen, wie die Bibel es erwartet.

Die Verantwortung des Vaters in der Kindererziehung

Ein Bereich, um den sich die Väter besonders gern herumdrücken, ist der Bereich der Kindererziehung. Allzu oft stehen die Mütter ganz allein da und werden mit dieser Last nicht fertig. Dabei spricht die Bibel den Vätern die größere Verantwortung in der Kindererziehung zu.

Aufgrund der beruflichen Situation verbringt die Mutter in vielen Familien die meiste Zeit allein mit den Kindern. Der Vater spielt abends nur eine Gastrolle und bekommt den Kinderalltag nicht richtig mit. Wenn er gefragt wird, ist er in seinem Urteil vielfach oberflächlich und großzügig, zum Ärger der Mutter, die den täglichen Kleinkampf auszufechten hat. Daraus ergeben sich dann Uneinigkeiten in der Kindererziehung. Der Vater will ausgleichen, was die Mutter tagsüber zuviel an Strenge gibt, oder umgekehrt. Wenn diese Meinungsverschiedenheiten dann noch vor den Kindern ausgetragen werden, ist das Chaos komplett. Die Kleinen wissen sehr bald, an wen sie sich in gewissen Fragen zu wenden haben, und spielen die Eltern gegeneinander aus.

Ein beliebter Rettungsanker überforderter Mütter ist, den Vater in seiner Abwesenheit als Drohmittel zu gebrauchen: „Warte, bis der Papa kommt ...!" Wenn der Vater abends nach Hause kommt, ist er dann auch überfordert und neigt zu Kurzschlußhandlungen oder zu Gleichgültigkeit.

So geht es nicht! Hier muß jede Familie ein klares Konzept entwickeln. Es fängt damit an, daß die Väter ihre Verantwortung sehen und sie auch tragen wollen. Einmal geistlich, indem sie ihre Familie im Gebet tragen – auch gerade, wenn sie nicht zuhause sind – und dann in der Praxis, indem sie sich für den Erziehungsalltag interessieren und daran Anteil nehmen.

Die Väter müssen sich in Ruhe Zeit nehmen, um mit ihren Frauen alle auftauchenden, erzieherischen Situationen durchzusprechen und gemeinsam zu beraten, wie ihr Handeln auszusehen hat. Ein Vater kann, auch wenn er aus beruflichen Gründen nicht viel daheim ist, über den Erziehungsalltag informiert sein, geistlich Anteil nehmen und dann auch seine Verantwortung wahrnehmen und angemessen urteilen. Wenn eine Frau weiß, daß ihr Mann sie wirklich ernst nimmt mit ihren Fragen zu den Kindern und gemeinsam mit ihr nach Lösungen sucht, dann wird sie viel sicherer handeln und Entscheidungen treffen können, weil der geistliche Schutz da ist.

Zu Beginn unseres Familienlebens, als das Zusammenleben mit den ersten sechs Kindern noch recht neu war, gingen wir beinahe jeden Abend den Tagesablauf vom Aufstehen bis zum Schlafengehen durch und nahmen unseren Umgang mit den Kindern unter die Lupe. Wir besprachen Regeln für das Zusammenleben in der Familie, überprüften sie nochmals im Gespräch, suchten nach entsprechenden, altersgemäßen Konsequenzen für den Fall der Nichteinhaltung und lernten es so, immer mehr aus der Ruhe heraus zu agieren, anstatt im Affekt unangemessen zu reagieren. So ist Erziehung immer unsere gemeinsame Sache gewesen!

Trotzdem entscheidet die Mutter selbstverständlich allein, aber sie ist froh, daß abends ein Austausch stattfinden kann. Und der Vater wird in seiner Abwesenheit nicht als der drohende Buhmann hingestellt, obwohl Claudia in Erziehungssituationen, in denen sie sich überfordert fühlt, den Kindern sagt: „Jetzt werde ich warten, bis Papa kommt, und diese Angelegenheit mit ihm durchsprechen." Solch eine Denkpause im „familiären Krieg" ist für beide Seiten besser, als unangemessen zu reagieren und sich hinterher als Eltern entschuldigen zu müssen. Andererseits ist es natürlich wichtig, daß Eltern sich tatsächlich entschuldigen, wenn sie eine Situation falsch eingeordnet haben.

Einheit in erzieherischen Fragen.

Wir sind dafür, daß Eltern vor ihren Kindern, gerade im Kleinkindalter, ein gewisses Maß an Einheit darstellen müssen und keine erzieherischen Grundsatzgespräche vor ihren Ohren führen sollten. Wenn die Kinder älter sind, mag es durchaus wertvoll für sie sein, in einzelnen Situationen mitzuerleben, daß Eltern ihre Meinungsverschiedenheiten friedlich und sachlich lösen können. Außerdem merken sie dadurch, daß wir uns wirklich ernsthaft Gedanken um sie machen und die Erziehung nicht nur aus dem Ärmel schütteln wollen.

Wenn einer von uns mit dem Verhalten oder den Festlegungen seines Partners gegenüber den Kindern nicht einverstanden ist, sprechen wir das Problem gleich hinterher in ihrer Abwesenheit durch und korrigieren uns gegebenenfalls gemeinsam vor den Kindern.

Können wir uns als Ehepartner absolut nicht einigen, so folgen wir dem biblischen Prinzip, daß der Mann das letzte Wort hat und die Frau sich fügt. Damit sparen wir viel „unnütz verschossene Munition" ein. Dieses biblische Prinzip setzt allerdings voraus, daß der Mann zu Hause nicht eine Pascharolle spielt, sondern wirklich bemüht ist, seine Verantwortung zu tragen. Sonst muß die Frau notgedrungen mehr Verantwortung auf sich nehmen, als ihr eigentlich zugedacht ist.

Dinge, die wir besonders beachten

Wir sehen also, daß es im Familienleben nicht nur um die Erziehung der Kinder geht, sondern auch um die Veränderung in unserem Verhalten als Ehepartner untereinander und den Kindern gegenüber.

Unsere persönliche Beziehung zu Jesus Christus und unsere Harmonie im Eheleben beeinflussen deutlich das Klima in der Familie. Im Laufe der Jahre haben wir festgestellt, daß sich eine angenehme Atmosphäre der Geborgenheit und gegenseitigen Annahme aus vielen kleinen Dingen zusammensetzt. So möchten wir jetzt Umgangsformen und Verhaltensweisen aufzählen,die sich als besonders hilfreich für unser Zusammenleben erwiesen haben.

Unser Umgangston

Als erstes: der Umgangston der Familienmitglieder untereinander. Selbstverständlich erwarten Eltern, daß sich ihre Kinder höflich ausdrücken können, besonders wenn Besuch da ist. Natürlich hat die „Straße" einen prägenden Einfluß auf unsere Kinder, so daß wir manchmal über Redensarten und Wörter erschrecken, aber wir können die Schuld nicht nur dort suchen. In erster Linie prägen unsere eigenen Ausdrucksformen und der Umgangston innerhalb der Familie unsere Kinder.

Neulich stellte sich unsere Vierjährige freudestrahlend vor ihren Vater und sagte: „Du bist ein Schwein!" Ein Ausdruck, den sie irgendwo aufgeschnappt hatte und dessen Bedeutung sie offensichtlich noch nicht verstand.

Vielleicht hatte sie sogar die Vorstellung von einem niedlichen Marzipanschwein und wollte mir damit etwas Gutes sagen. Auf jeden Fall, kein Grund sich aufzuregen oder zu schimpfen. Wir nahmen sie in den Arm und fragen sie, ob sie solch einen Ausdruck schon einmal von Mama oder Papa gehört habe. Sie verneinte es. Daraufhin sagten wir: „Weißt du, es gibt Wörter, die möchten wir nicht in den Mund nehmen, weil sie nicht schön sind. Und dazu gehört auch dieses Wort." Damit war dieser Fall fürs erste erledigt.

Aber wie hätten wir reagieren sollen, wenn uns selbst ständig Schimpfwörter aus dem Mund rutschen, wenn wir uns untereinander mit ähnlichen Titeln beschimpfen würden?

Gerade in diesem Punkt wird oft mit zweierlei Maß gemessen. Nach dem Motto: „Befolge, was ich vorschreibe, aber achte nicht so genau auf das, was ich selbst tue." Es gibt Eltern, die erwarten von ihren Kindern, daß sie höflich sind und sich beherrschen können, fahren aber selbst in gewissen Situationen aus der Haut, gebrauchen Flüche und schimpfen sich lauthals an. Wie sollen die Kinder dann angemessene Ausdrucksformen lernen? Unser persönlicher Sprachgebrauch als Eltern ist hier von großer Bedeutung, obwohl er nicht automatisch bewirken wird, daß Kinder sich gepflegt ausdrücken. Aber zumindest wird hier eine Basis gelegt, auf der später aufgebaut werden kann.

Die einschneidendste Erfahrung in bezug auf die Wichtigkeit unseres Umgangstones als Eltern machten wir, als unsere ersten Kinder kurze Zeit bei uns waren und wir einmal Besuch hatten. Beim Abschied schauten uns unsere Gäste groß an und fragten: „Wie habt ihr das nur geschafft, daß eure Kinder sich so höflich ausdrücken und immer ‚bitte und danke' sagen?" Sie meinten wohl, wir hätten ein besonderes Dressurprogramm durchgeführt. Wir waren zunächst perplex, dachten hinterher über die Angelegenheit nach und kamen zu der Feststellung, daß dies unsere gewöhnliche Ausdrucksform als junges Ehepaar war. Wenn wir am Frühstückstisch saßen und etwas brauchten, hörte sich das so an: „Claudia, kannst du mir bitte die Butter geben?" Und wenn Claudia sie mir gegeben hatte, hieß es: „Danke schön." Offensichtlich hatten unsere Kleinen gemeint, daß das zum Leben dazu gehört, und wie selbstverständlich auch „danke" und „bitte" gesagt.

Leider sind die Ausdrucksformen trotz guten Vorbilds mit der Zeit etwas verflacht. Aber immerhin zeigt uns dieses Beispiel, wie wichtig der Umgangston untereinander ist.

Nicht über andere Personen reden

Als unsere Kinder noch klein waren, haben wir uns in ihrer Gegenwart oft ungeniert über andere Personen und Ereignisse unterhalten, und zwar manchmal recht kritisch. Bis wir einmal, als wir beim Essen zusammensaßen, über den Gottesdienst austauschten und die Probleme einiger Personen anschnitten. Plötzlich merkten wir, wie die Geräusche am Tisch immer leiser wurden und unsere Kinder unseren Bemerkungen lauschten. Da wurde uns klar, daß es für Kinder ab einem gewissen Alter nicht unbedingt gut ist zu erfahren, daß Frau Soundso dies angestellt hatte, jener Gedanke der Predigt unmöglich war und so weiter.

Paulus meint im Philipperbrief (4,8) zu Recht, daß wir über das nachdenken und sprechen sollen, was wahrhaftig ist, was ehrbar, was gerecht, was rein, was liebenswert, was wohllautend, was irgendeine Tugend oder ein Lob ist.

Unsere Art des persönlichen Ausdruckes, ob er voll beißender Kritik, Sorge, Angst und Pessimismus oder voll Humor, Optimismus und Lebensfreude ist, wird seine Auswirkungen auf das Empfinden und den Sprachgebrauch unserer Kinder haben.

Achten Sie auf Ihren Sprachgebrauch! Wie drücken Sie

sich überwiegend aus: sorgenvoll, ängstlich, pessimistisch oder freudevoll und zuversichtlich? „Wovon das Herz voll ist, davon fließt der Mund über." Durch unsere Erlösung in Jesus Christus sind wir zu einem fröhlichen, hoffnungsvollen Leben berufen und dürfen unseren Kindern einen Schuß Lebensfreude und Optimismus mitgeben!

Wenn es nun einem von uns passiert, daß wir in Gegenwart der Kinder anfangen, negativ zu reden, gibt der andere ihm einen sanften Stoß und erinnert ihn so an unser Abkommen, positiv zu reden.

Genauso müssen wir darauf achten, unsere Kinder nicht bloßzustellen und zu erniedrigen, wenn wir mit ihnen allein sprechen oder sie gar in Gegenwart der Geschwister zurechtweisen. Wenn ein Kind laufend hört, daß es häßlich, dumm oder faul ist, wird es dies bald glauben und sich minderwertig fühlen oder sich mit dieser Verhaltensweise identifizieren.

Die Arbeit der Hausfrau würdigen.

Es ist enorm, was eine Hausfrau Tag für Tag im Haus zu leisen hat: Kinder versorgen, Putzen, Aufräumen, Kochen usw. Alles Arbeiten, von denen man oft wenige Stunden hinterher überhaupt nichts mehr sieht. Wenn dann der Ehemann und die Kinder alles als selbstverständlich nehmen, ist manche Mutter zutiefst frustriert. Ein anerkennendes Wort all diesen Liebesleistungen gegenüber tut gut, gerade in einer Zeit, in der unsere Gesellschaft nicht viel übrig hat für den Beruf der Hausfrau. Dagegen können wir etwas tun, indem wir ihre Aufgabe würdigen und aufrichtig unsere Dankbarkeit und Wertschätzung ausdrücken.

So habe ich zum Beispiel angefangen, Claudia beim Mittagessen für ihre Mühe und das gute Essen zu danken. Immer und immer wieder habe ich dies Lob wiederholt. Ich weiß, daß gerade das Mäkeln beim Essen eine Unsitte in vielen Familien ist, die Mütter zur Verzweiflung treiben kann. Da steht sie über eine Stunde in der Küche, und das ist dann der Dank! In diesem Zusammenhang habe ich festgestellt, daß mäkelnde Kinder oftmals auch mäkelnde Väter haben. So nahm ich mir diese „Lob-Strategie" vor.

Siehe da, kaum ein Kind mäkelt beim Essen, und bei fast jeder Mahlzeit ist aus irgendeinem Mund zu hören: „Mama, danke für das Essen!"

Gezielte emotionale Zuwendung

Bei zehn Kindern ist es nicht so einfach, den „Liebeskuchen" gerecht aufzuteilen und jedem das richtige Maß an Zuwendung und Aufmerksamkeit zu geben. Dabei ist diese gezielte Weitergabe von Zuneigung enorm wichtig und kommt leider oft zu kurz. Ich habe deswegen ein regelrechtes Programm für mich entwickelt, um den Kindern diese Aufmerksamkeit zukommen zu lassen. Vielfach ist es nur unsere Oberflächlichkeit und Gedankenlosigkeit, die viele wertvolle Gelegenheiten versäumt oder sogar seelische Vernachlässigungen und Verletzungen zurückläßt.

So mußte ich lernen, mich einem Kind wirklich zuzuwenden, wenn es mit mir sprach, und nicht mit meinen Gedanken woanders zu sein. Ich habe mich immer wieder dabei ertappt, daß ich von der Schule nach Hause kam, meiner Frau einen flüchtigen Kuß gab, meine kleine Tochter mal schnell in den Arm nahm und fragte: „Hat jemand angerufen? Wo ist die Post?" Dabei kamen weder Mutter noch Kind zu Wort.

Bis mir klar wurde, daß eigentlich nur wenige Sekunden wirklicher Aufmerksamkeit den seelischen Hunger einer Kinderseele befriedigen können, und meine Oberflächlichkeit das verhinderte. Wenn ich jetzt nach Hause komme, und meine Kleine begrüßt mich mit ausgestreckten Armen, dann beuge ich mich zu ihr hinunter, suche für einige Momente den Augenkontakt und achte auf ihre Worte. Augenkontakt ist enorm wichtig für unsere zwischenmenschliche Beziehung. Geht es Ihnen nicht auch so, daß es Sie befremdet oder sogar verletzt, wenn jemand mit Ihnen spricht und dabei aus dem Fenster schaut oder mit seinen Gedanken offensichtlich woanders ist?

Genauso haben wir den körperlichen Kontakt mit unseren Kindern zu suchen, sie zu streicheln, mit ihnen zu schmusen und ihnen so immer Nachschub an emotionaler Geborgenheit zu geben.

Wir erwähnen diesen Punkt, weil manch einer persönliche Schwierigkeiten damit hat oder es einfach vernachlässigt. Legen Sie Ihren Arm auf die Schulter Ihres heranwachsenden Jungen, wenn Sie mit ihm sprechen. Nehmen Sie Ihre Kinder in den Arm, und geben Sie ihnen einen Kuß, wenn Sie aus dem Haus gehen. Schieben Sie Ihr Kleines nicht zur Seite, wenn Sie die Zeitung lesen und es auf Ihren Schoß kriechen möchte.

Durch unsere Gedankenlosigkeit versäumen wir viele Gelegenheiten der körperlichen Nähe. Während eines Gottesdienstes zum Beispiel kann ich mindestens für fünf Kinder den körperlichen Kontakt befriedigen. Während der ersten halben Stunde sitzt die Kleinste auf meinem Schoß und rechts und links von mir zwei andere. Wenn dann die Jüngeren in ihre Kinderstunde gehen und die Plätze zur Rechten und Linken frei werden, rücken die Älteren nach. Bei der Predigt lehnen sie sich bei mir an, oder ich habe meine Arme um ihre Schultern gelegt. Eine meiner angenehmsten Erinnerungen an meine früheste Kindheit ist, daß ich während der Gottesdienste auf dem Schoß meiner Mutter einschlafen konnte.

Wenn ich selbst eine Predigt zu halten habe und meine Familie irgendwo in den Reihen sitzt, dann suche ich jedesmal den Augenkontakt mit jedem meiner Kinder und lächele oder winke ihnen zu. So halten wir den emotionalen Kontakt, und sie wissen: auch wenn Papa viel zu tun hat und nicht erreichbar ist, hat er uns nicht vergessen und denkt an uns.

Habe ich etwas zu erledigen, dann bin ich in der Regel nie allein. Ein oder zwei Kinder sind immer dabei. Natürlich hätte ich es manchmal viel lieber, allein für mich zu sein, um meinen Gedanken nachhängen zu können. Aber ich möchte meiner Familie dienen und ein aufmerksamer Vater für meine Kinder sein; darum nehme ich sie mit, um ihnen diese Einzelzuwendungen zu geben.

So gibt es viele Möglichkeiten, die bei anderen natürlich anders aussehen können, um den Kindern das nötige Maß an Zuwendung zu geben.

Humorvoller Umgang

Alles Reden miteinander sollte mit einer gehörigen Portion Humor gewürzt werden. Wir Christen haben allen Grund, eine optimistische Haltung einzunehmen, und sollten in der Lage sein, einen gesunden Humor zu entwickeln.

Die Scherze des Vaters mit der Mutter, die humorvollen Einfälle und Witze sind Dinge, an die man sich immer gern zurückerinnert und die das Zusammenleben angenehm machen. Wir krümmen uns manchmal minutenlang vor Lachen über die lustigen Einfälle und Gedanken, die von den Kindern oder von uns kommen.

Unsere Mahlzeiten sind dafür immer ein willkommener Anlaß. In der Regel sind sie ein familiärer Höhepunkt. Wir essen in Ruhe zusammen und nehmen uns Zeit, miteinander zu sprechen und zu scherzen.

Dabei meide ich es bewußt, eine Mahlzeit als Anlaß für korrigierende Erziehungsgespräche zu nehmen. Unsere Mahlzeiten sollten immer eine Zeit der Freude und des Genusses sein. Das Essen muß verdaut werden, und wenn dann noch gleichzeitig Strafpredigten verdaut werden müssen, kann es zu einer „Magenverstimmung" kommen. Dafür kann man andere Gelegenheiten wahrnehmen und die Mahlzeiten ein angenehmes Familienereignis sein lassen.

Alternative Formen des Zusammenlebens

Einen wichtigen Platz in unserem Denken hat das Suchen nach aktiven Formen des familiären Zusammenlebens eingenommen. Wir haben nach alternativen Lebensformen Ausschau zu halten, als Gegengewicht zu dem Herumlungern auf der Straße oder an den Kiosken, zu Streichen, die aus Langeweile in Kriminalität abgleiten können, zu ungesundem Fernsehkonsum und all den anderen unguten Einflüssen.

Spätestens wenn die Kinder in die Schule kommen, werden wir als Eltern merken, daß es viele Miterzieher gibt. Bis dahin halten die Kinder sich meistens in dem vertrauten Kreis der Familie und Verwandtschaft auf und bekommen dort ihre prägenden Einflüsse. Nun kommen Schulkameraden, Lehrer, neue Freunde hinzu, und manche Eltern fragen sich mit Recht, wer wohl ihre Kinder erzieht: sie oder die anderen Einflüsse?

Mit unseren Maßstäben als christliche Eltern nehmen wir noch dazu einen besonderen Platz ein, da wir nicht unbedingt all das gutheißen und mitmachen können, was anderen Eltern keine Probleme bereitet. Manche christliche Eltern haben in ihren erzieherischen Bemühungen Schiffbruch erlitten. Die Kinder wollen nicht mehr zum Gottesdienst gehen oder überhaupt etwas mit dem Glauben zu tun haben. Für sie ist der Glaube nur ein Hindernis bei ihren Aktivitäten; sie empfinden das Christsein als eine Kombination von Verboten und beginnen ihr eigenes Leben zu führen. Die Eltern stehen machtlos da, weil es zu spät ist, einzugreifen.

Selbstverständlich gehen wir bei der Festsetzung der Schwerpunkte unseres Zusammenlebens auch von unserer persönlichen Anschauung aus und setzen gezielt Akzente der Beeinflussung für das Denken und Handeln unserer Kinder.

Manche christliche Eltern gehen von der irrigen Annahme aus, daß sie ihre Kinder mit ihrer christlichen Weltvorstellung und persönlichen Lebensanschauung nicht zu sehr beeinflussen dürften; Kinder sollen „neutral" aufwachsen, um sich später für den „richtigen Weg" entscheiden zu können.

Dabei übersehen sie, daß, wenn sie nicht manipulieren, andere Einflüsse ihre Kinder unter totalen Beschuß setzen werden.

Wir sind uns oft nicht bewußt, welch einer schleichenden, aber immens wirksamen Manipulation unsere Kinder Tag für Tag in den Schulen ausgesetzt sind. Wir müssen diese Zeitströmungen aufmerksam studieren und unsere Kinder aufklären und vorausinformieren.

Achten Sie auf das, was Ihren Kindern im Unterricht und in den Schulbüchern vorgesetzt wird. Lesen Sie einmal selbst das Religions-, Sozialkunde- oder Biologiebuch durch, und sprechen Sie mit Ihren Kindern über die Unterrichtsstoffe.

Eine nicht zu unterschätzende Zahl an Lehrern und Schulbuchautoren haben sich der emanzipatorischen Pädagogik verschrieben, deren besonderer Angriffspunkt die Familie ist. Sie behaupten, die bürgerliche Kleinfamilie sei eine überholte Herrschaftsstruktur, die durch eine neue, „repressionsfreie" Erziehung abgelöst werden müsse. Viele Texte in den Schulbüchern versuchen so einen Keil zwischen Kind und Eltern zu treiben, das Vertrauen der Kinder in ihre Eltern zu zerstören und sie zu Verachtung und Haß ihnen gegenüber anzuleiten.

Achten Sie auch auf die Inhalte des Religionsunterrichtes. Manch ein Lehrer hat es gerade darauf angelegt, das Glaubensbild Ihrer Kinder zu zerstören. Wenn Sie sehen, daß Ihr Kind in seiner christlichen Haltung dieser Konfrontation nicht standhalten kann, mag es manchmal besser sein, es abzumelden.

Mit ähnlicher Vorsicht muß man auch in anderen Fächern auf die ideologischen Tendenzen achten. Wir können hier unsere Kinder nicht allein lassen mit dem Argument, sie brauchten diese Konfrontation, um sich ihr eigenes Bild zu machen und eigenständig die richtigen Werte für ihr Leben zu finden. Wenn wir nicht am Ball bleiben und die Richtung vorgeben, werden es andere tun, aber professionell und raffiniert, so daß wir eines Tages nicht mehr verstehen, was mit unseren Kindern los ist.

Wir müssen für unsere Kinder in der Familie eine Geborgenheit schaffen, daß für sie die Kritik an der Familie geradezu lächerlich erscheint. Wir müssen ihnen Vorausinformationen geben. Dann können sie einige unbequeme Zwischenfragen stellen, wenn der Lehrer die Abstammung des Menschen vom Affen erklären will. Wenn Ihre Kinder Erfahrungen mit der Realität Jesu Christi gemacht haben, wird es dem Religionslehrer nicht mehr leicht fallen, dies wegzudiskutieren und den Glauben Ihrer Kinder infrage zu stellen.

Wir dürfen nicht mit Scheuklappen durch die Welt gehen, sondern müssen um diese Manipulationsschemata wissen und bewußt Gegenschwerpunkte setzen durch alternative Lebensformen, Zeit für Gespräche, Vorausinformationen und durch einen überzeugenden christlichen Lebensstil. Wenn wir nicht Gegenwerte anzubieten haben, denen unsere Kinder lieber folgen, werden sie höchstwahrscheinlich in eine andere Richtung gehen. Die Beeinflussung ist zu groß!

Die Miterzieher sind eine echte Herausforderung an uns christliche Eltern. Wir sollten nicht nur angstvoll, wie gelähmt, auf sie starren und den Dingen ihren Lauf lassen, sondern nach alternativen, christlichen Lebenformen suchen.

Ganz gewiß haben wir unseren Kindern offen einige Dinge zu verbieten, weil sie sich nicht mit unserem Lebensstil vereinbaren lassen. Aber unsere Devise sollte sein: nicht nur verbieten, sondern Besseres anbieten!

Gerade hier liegt in vielen Familien eine große Not vor. Die Eltern führen ihr eigenes Leben, schleppen die Kinder zu den Gottesdiensten, nehmen sich wenig Zeit für sie und sind dann ganz aufgelöst, wenn die Kinder nicht mehr mitmachen wollen. Wir müssen uns etwas einfallen lassen, bevor es zu spät ist.

Claudia und ich haben diesen Gedanken breiten Raum gelassen und bewußt nach alternativen Lebensformen für unsere Familie gesucht. Dazu gehört, daß wir uns geplant Zeiten des zwanglosen Miteinanders mit den Kindern nehmen. Ich habe einen ausgefüllten Terminkalender, aber der Familiennachmittag ist für mich genauso wichtig wie ein seelsorgerliches Gespräch oder eine Vorstandssitzung und ist im Kalender fest angekreuzt.

Wenn wir Zeiten des aktiven Zusammenseins mit den Kindern nur dem Zufall überlassen, kommt meist wenig dabei heraus. Dabei ist auch Qualität wichtiger als Quantität. Eine Stunde voller Freude und Aufmerksamkeit mag manchmal mehr zählen als ein langer Nachmittag, den wir mit ihnen vergammelt haben und an dem sie nur zu deutlich erkennen, daß wir eine Pflichtübung abhalten.

Suchen Sie immer wieder Zeiten des aktiven Zusammenseins. Basteln Sie zusammen oder machen Sie Gesellschaftsspiele. Dabei kann man sehr viel an sozialem Verhalten lernen. Es ist nicht so einfach, beim „Mensch, ärgere dich nicht" nach dem dritten Mal Verlieren immer noch fröhlich zu bleiben. Aber hier lernt das Kind im Spiel, gelassen zu verlieren und einem anderen den Sieg ohne Neid zu überlassen. Bis es soweit ist, werden über dem Spielbrett manche Tränen vergossen. Aber unser eigenes humorvolles Verhalten und unsere Ermutigung wird das Kind bei dieser Erfahrung stärken können.

Wenn die Kinder älter werden, können Sie gemeinsamen Interessen nachgehen, zu denen Sie sich sonst gar keine Zeit nehmen würden, z.B. Schwimmen oder anderen Freizeitbeschäftigungen. Sie werden sehen, es wird allen gut tun, und sowohl Eltern wie auch Kinder werden auf ihre Kosten kommen. Ich habe mir früher als engagierter Christ nie Zeit genommen für Hobbys. Dafür war mir die Zeit zu schade! Was mich insgeheim reizte, war der Reitsport. Diesen Gedanken wies ich immer wie eine Versuchung von mir. Durch meine Kinder bin ich nun doch dazu gekommen, und wir haben dieses Hobby als ganze Familie. Die Pflege der Ponys und das gemeinsame

Ausreiten hat für unseren familiären Zusammenhalt unschätzbare Bereicherung gebracht.

Auch der Urlaub ist für die Familie unschätzbar wichtig, nicht nur für die Kinder. Machen Sie deswegen einen kindgerechten Urlaub. Haben Sie schon darüber nachgedacht, ob Ihr Urlaubsort wirklich geeignet ist, ob auch Kinder auf ihre Kosten kommen, oder wird es nur zu unnötigen Spannungen führen, weil Eltern- und Kinderinteressen aufeinanderstoßen?

Nun hat es viele Vorteile, eine große Familie zu haben. Die Interessen der Kinder rücken automatisch in den Vordergrund, und man stellt sich mehr auf sie ein. Wenn wir Urlaub machen, fahren wir meistens mit Bus, Wohnwagen und Zelten los und verleben einen richtigen Trapper-Urlaub. Das Umherstreifen durch die Landschaft, das Schlafen in Zelten und die Abende am Lagerfeuer sind genau die richtigen Momente, um ungezwungen in tiefe Gespräche mit den Kindern zu kommen. So manches Mal sitzen wir in den Ferien abends zusammen, die Kleinen sind auf unserem Schoß eingeschlafen, und mit den Großen ergeben sich Gespräche, die man als Eltern in der Hektik des Alltags kaum führen kann. Hier geht es dann um Glaubensfragen, um Auseinandersetzung mit der Lebensanschauung ihrer Schulkameraden. Jetzt können Fragen zur Geschlechtlichkeit natürlich und ungezwungen beantwortet werden.

Während der Schulzeit feiern wir regelmäßig Feste. Ein Anlaß läßt sich immer finden. An unserem Familiennachmittag wandern wir zusammen, gehen schwimmen, schauen uns einen Naturpark oder Museum an und bereiten dann abends eine Festmahlzeit zusammen vor.

Glücklicherweise ist die Küche groß genug, daß alle Kinder bei unserer selbstgebackenen Pizza mithelfen können. Der eine schneidet Wurst, der andere den Käse, unsere großen Mädchen rollen den Teig aus, unser Achtjähriger versucht sich beim Dosenöffnen, und die Kleinste nascht an allem herum. Nach solch einem Tag gehen die Kinder geborgen, glücklich und erschöpft zu Bett.

Für uns ist das bewußte Leben mit Gottes Natur eine echte Entsprechung zum christlichen Lebensstil. Wir sehen den Umgang mit Tieren als sehr wertvoll für die Entwicklung der Kinder an. Hier lernen sie Verantwortung, Rücksichtnahme und Verzicht auf eigene Interessen, andererseits bekommen sie einen Einblick in das Wunder der göttlichen Schöpfung. Aus diesen Gründen haben wir uns drei Ponys zugelegt. Mir ist es lieber, mein Junge reitet wie ein Cowboy durch den Wald, als daß er sich mit seinem Drahtesel vor dem Kiosk herumdrückt und die Umgangsformen von Punkern und Teds studiert. Inzwischen sind wir auf einen ganzen Tierpark gekommen mit Hund, Katze, Hühnern, Gänsen, Enten und Schafen.

Angefangen hat es in einer erzieherischen Notsituation mit einem Hund. Wir hatten unsere ersten sechs Kinder, und aufgrund eines frühkindlichen Erlebnisses zeigte unsere älteste Tochter panische Angst, wenn sie einen Hund sah. Das steckte natürlich die anderen an. Was täten Sie, wenn sich sechs Kinder schreiend und heulend an Ihre Beine klammern?

Wir besorgten uns ein Hundebaby, das auch unsere Älteste süß fand und akzeptierte. Es wuchs mit den Kindern auf. Inzwischen kann ein Hunderiese kommen, und keines der Kinder zeigt Angst.

Natürlich macht das Zusammenleben mit den Tieren Arbeit. Unsere Vereinbarung ist die, daß die Kinder und ich die Tiere versorgen und sie es alleine tun, wenn ich auf Reisen bin. Die eine füttert die Ponys, der andere versorgt die Hühner, die Älteste hat sich den Hund als Aufgabe ausgesucht, ein Junge gibt den Schafen Heu und ein anderer das Wasser. So haben sie ihre kleinen Verantwortungsbereiche und erfahren, daß es Aufgaben gibt, denen man einfach nachkommen muß, ob es regnet oder schneit, ob man Lust hat oder nicht. Damit wird eine Grundlage für eine gesunde Arbeitshaltung gelegt.

Aus dem gleichen Grund haben wir uns einen Gemüsegarten zugelegt. Hier können die Kinder miterleben, wie aus einem unscheinbaren Samenkorn eine Pflanze entsteht, die man auch noch essen kann. Wieder ein Grund, über Gottes Schöpfung zu staunen. Auch den Gemüsegarten versorgen wir gemeinsam. Der Montagnachmittag ist unser Familien-Garten-Tag. Dann hocken wir alle an den Beeträndern, und mit Humor und viel Spaß wird dem Unkraut zu Leibe gegangen oder die Ernte eingebracht. Gerade das gemeinsame Arbeiten schafft ein Zusammengehörigkeitsgefühl und ist eine der wunderbarsten und zwanglosesten Möglichkeiten, sich über Gott und die Welt zu unterhalten.

Danach schafft es ein besonderes Wertgefühl, das Selbsterzeugte zu essen. Hier möchten wir ein Wort zur gesunden Ernährung anschließen. Viele Mütter, gerade wenn sie mit ihren kleinen Kindern ohne ihren Mann tagsüber zu Hause sind, nehmen diese Aufgabe zu leicht. Man kann manchmal den Eindruck gewinnen, daß die ersten Worte, die nach „Mama" und „Papa" gelernt werden, „Pommes" und „Cola" sind. Da wird schnell eine Dose aufgemacht oder drei Tage hintereinander das gleiche Essen serviert und der Zwischenhunger mit Süßigkeiten gestillt. Als Eltern haben wir auch eine Verantwortung für die gesunde Ernährung unserer Kinder. Bei solch einer Ernährung brauchen wir uns nicht zu wundern, wenn wir kränkelnde und knörende Kinder haben, die sich mit allen möglichen Zivilisationskrankheiten herumschlagen.

Wir haben in den letzten Jahren versucht, unsere Ernährung gesünder zu gestalten: Wir achten auf viel frisches Obst, frische Salate und Gemüse, haben unseren Fleischbedarf zugunsten von mehr Gemüse etwas verringert und backen unser Brot und andere Teigwaren aus vollem Korn selbst. Süßigkeiten versuchen wir auf ein vernünftiges Maß zu reduzieren und ein Gegengewicht mit Nüssen, Trockenobst und frischem Obst zu setzen.

Diese Grundregeln haben erstaunliche Veränderungen in unserer Familiengesundheit gebracht. Es läuft kaum noch jemand mit der früher üblichen Rotznase herum, und unsere Kinder sind wesentlich weniger anfällig für die Infektionskrankheiten, von denen meistens eine in den Schulen grassiert.

Dieses Thema ist also nicht unwichtig. Auch für ihre Ernährungsgewohnheiten sollte jede Familie ein gesundes Maß entwickeln.

Umgang mit Sexualität

Eine häufig gestellte Frage von Eltern ist die: Wann ist das richtige Alter, um mit Kindern über Sexualität zu sprechen?

Unsere Faustregel: Wenn Kinder fragen! Um mit dieser Regel über die Jahre durchkommen zu können, müssen wir als Eltern natürlich eine Atmosphäre schaffen, in der unsere Kinder auch unbefangen fragen können. Solche Fragen können schlecht in einer Klassenzimmersituation besprochen werden. Sorgen Sie für Zeiten des gemütlichen Beisammenseins, lassen Sie Ihre Kinder wissen, daß Sie immer offen sind für ihre Fragen und sie darin ernst nehmen. Wenn Ihre Kinder erst einmal gemerkt haben, daß Sie sich doch keine Zeit nehmen und nicht richtig zuhören, wenn sie fragen, oder wenn Sie jedesmal einen langen Vortrag halten bzw. den Fragen ausweichen, weil sie Ihnen peinlich sind, dann werden sie sich mit der Zeit taktvoll zurückziehen und ihre Antworten an anderer Stelle suchen. Wollen Sie dann eine „Aufklärungsstunde" halten, mag es sein, daß es eine unangenehme Angelegenheit wird, weil es für Sie peinlich ist und dem Kind das nicht verborgen blieb. Gehen Sie den natürlichen Weg, und bekommen Sie dabei ein Gespür für die direkten und die verschlüsselten Fragen, und gehen Sie weise und altersgemäß darauf ein. Beantworten Sie nur die Frage, die gestellt wurde, und nicht gleich noch alles andere, was dem Kind noch gar nicht im Bewußtsein ist und was es auch nicht wissen will.

Die Frage eines Vierjährigen, der seine Hand auf Mamas Bauch gelegt hat und die strampelnden Bewegungen des Ungeborenen mitverfolgt, wird sicherlich anders beantwortet werden müssen als die Frage eines Achtjährigen oder einer Dreizehnjährigen. Während es einem Vierjährigen reicht zu wissen, daß da ein Baby drin ist und, wenn es einmal groß genug ist, geboren wird, interessiert einen Achtjährigen schon, wie es da reingekommen ist, und die Dreizehnjährige will wissen, warum manchmal Babys entstehen und manchmal nicht.

Einmal fragten unsere zehnjährigen Mädchen ganz unbefangen, was eine „Nutte" sei. Sie hatten das Wort von anderen Jungen gehört, und als sie zurückfragten, wußten die es auch nicht und lachten nur verlegen. Es entspann sich ein langes Gespräch über Prostitution und unsere Haltung als Christen dazu. Die zwei bis drei Jahre jüngeren Jungen saßen dabei, und ich war gespannt, wie sie auf die Fragen ihrer Schwestern reagieren würden. Bemerkenswerterweise interessierten sie diese Fragen überhaupt nicht. Zunächst hörten sie zwar zu, aber dann gingen sie ihren eigenen Beschäftigungen nach.

Diese Situation zeigte uns, daß das Interesse der Kinder in unterschiedlichem Alter verschieden ist und natürlich beeinflußt wird von der jeweiligen Konfrontation, in der sie stehen. Wir hatten nun wirklich angenommen, daß die Jungen mit hochroten Ohren lauschen würden, aber diese Fragen lagen noch gar nicht in ihrem Interesse- und Erfahrungsbereich. Wir waren klug genug, ihnen die Antworten nicht aufzudrängen, sondern zu warten, bis sie mit ihren eigenen Fragen kommen würden.

Wenn nun, aus welchem Grund auch immer, von Ihren Kindern die Fragen zu diesem Thema nicht gestellt werden, müssen Sie schon durch ein gutes Buch oder andere Anlässe von sich aus einfühlsam auf diese Thematik eingehen. Ihre Kinder sollten vor der Pubertät aufgeklärt sein über die wesentlichen Merkmale ihres Körpers und der Liebe zwischen Mann und Frau. Aber der andere

Weg, sich im Familienleben unbefangen und natürlich über diese und viele andere Fragen des Kindes unterhalten zu können, ist sicherlich der bessere.

Anleitung zu Kreativität

Die Erziehung zum künstlerischen und handwerklichen Gestalten wie zur Kreativität ist ein weiterer Schwerpunkt in unserer Erziehung.

Claudia läßt sich sehr viel einfallen zur wohnlichen Gestaltung des Hauses und beteiligt die Kinder daran, so daß sich jeder freut, wenn ein neues Bild an der Wand hängt oder ein Blumenarrangement im Flurfenster steht. Die Folge ist, daß selbst die Kinder anfangen, ihre Zimmer einfallsreich zu gestalten.

Lassen wir unsere Kinder in solch einer Umgebung aufwachsen, und leiten wir sie auf diese Weise zur Kreativität an, dann können wir verhindern, daß später die Wände ihrer Zimmer einfallslos mit Bravo-Postern oder ähnlichem bepflastert sind.

Da es in unserem Haus und auf dem Grundstück immer viel zu reparieren und zu bauen gibt, habe ich bei den handwerklichen Arbeiten immer Kinder dabei und lasse sie an meiner Tätigkeit teilnehmen. Natürlich komme ich dann nicht so schnell voran, aber der pädagogische Wert hat eindeutig den Vorrang. Es ist erstaunlich, wie bereits Acht- bis Zehnjährige mit Hammer und Nagel umgehen können, wenn man sich Zeit zum Einüben nimmt. Es ist eine feine Sache, hinterher vor dem gemeinsamen Werk zu stehen. Mit der Zeit haben die Kinder erstaunliche Fertigkeiten entwickelt. So kann mein zwölfjähriger Sohn leichte, handwerkliche Reparaturen in meiner Abwesenheit durchführen. Als neulich große Aufregung herrschte, weil die Pferde die Klappe vom Hühnerstall eingetreten hatten und den Hühnern das Futter wegfraßen, zog mein Junge mit Nägeln und Brettern los und behob den Schaden. Er ist der Mann im Haus, wenn ich auf Reisen bin, und braucht dieses Wissen für sein Selbstwertgefühl, das aufgrund frühkindlicher Heimerfahrungen tiefen Schaden erlitten hat, der jetzt langsam heilt.

Claudia hat den Kindern schon immer Freizügigkeit in der Küche eingeräumt. Den zunächst humorvoll gemeinten Satz: „Wenn ihr Kuchen essen wollt, müßt ihr ihn euch selbst backen", nahmen unsere Mädchen ernst und fingen an, selbst Kuchen zu backen. Wir staunten nur. Mit ihren elf Jahren backten sie mit wahrer Begeisterung Kuchen für die gesamte Familie. Sie können sich vorstellen, was bei einem Kindergeburtstag mit zwanzig Kindern verputzt werden kann! Sie studieren Backbücher und stellen Kuchen auf den Tisch, den manch ein Erwachsener nicht fertigbringen würde. Unser Prinzip dabei ist, uns so wenig wie möglich einzumischen und alles, was sie selbst können, allein erarbeiten zu lassen, auch wenn es einmal schief gehen sollte.

Während ich noch im Schuldienst war, fiel mir immer wieder die Einfallsarmut und Uniformität in der Kleidung der Schulkinder auf. Wenn ich als Aufsicht auf dem Schulhof stand und mir die Kinder anschaute, sah ich eigentlich nur Jeans und Jacken in Nato-Oliv. Kaum ein Mädchen in einem Rock. Ganz abgesehen davon, was die Bibel zu Mädchen in Männerkleidung zu sagen hat, stimmte mich dieses triste Bild traurig. Claudia und ich sprachen darüber und beschlossen, bei unseren Kindern rechtzeitig Gegenakzente zu setzen. Wenn eine gewisse gesellschaftliche Anschauung es fertigbringt, Kinder unterschwellig in Richtung ausrangierter Kampfanzugsjakken zu manipulieren, dann müssen wir als Christen in der Lage sein, gegenzusteuern.

Claudia fing an, hübsche Röcke zu nähen, und brachte unseren ältesten Mädchen bei, nach einfachen Schnittmustern ihre eigenen Röcke zu schneidern. Es ist ein ganz besonderes Gefühl, mit einem selbstgeschneiderten Rock in die Schule zu gehen und von den Klassenkameraden bewundert zu werden. Das Ergebnis war, daß durch die Haltung unserer Mädchen der Geschmack der Klasse geändert wurde. Die Lehrerin erkundigte sich nach Schnittmustern, andere Mädchen fanden es schick und fingen an, Röcke zu tragen. Und der sehnlichste Wunsch einer Klassenkameradin war, zu ihrem Geburtstag von meinen Mädchen einen selbstgeschneiderten Rock geschenkt zu bekommen.

So haben wir Eltern die Möglichkeit, ohne Reglementierung das Bewußtsein unserer Kinder zu formen. Wir müssen uns nur etwas einfallen lassen und unsere eigene Bequemlichkeit überwinden. Inzwischen haben unsere Mädchen ein gesundes „Trageverhältnis" zwischen Rökken und Hosen entwickelt und sind bemüht, sich geschmackvoll anzuziehen.

Vor einiger Zeit fiel uns ein Schmierzettel unserer großen Tochter in die Hand, auf dem sie Fragen zum Fernsehen beantworten sollte. Ihr Kommentar, den wir zufällig lasen, lautete: „Wir haben kein Fernsehen! Wir brauchen auch kein Fernsehen, denn wir haben keine Zeit dazu. Ich habe neun Geschwister, einen großen Garten, ein Schwimmbecken, drei Ponys, einen Hund und … und … und …"

Wir waren einfach nur dankbar. Unsere Bemühungen um einen alternativen, christlichen Lebensstil zeigten hier ihre ersten Früchte in dem Selbstbewußtsein unserer Kinder. In der Tat ist Fernsehen für uns kein Problem. Wir haben bis jetzt genügend Gegenwerte setzen können.

Nun hat sicherlich nicht jeder die Möglichkeiten, die wir haben. Sie mögen mit Recht sagen: Wenn ich das Haus, das Grundstück, die Möglichkeiten hätte, dann …! Vergessen Sie nicht, noch hinzuzufügen: … und auch elf Kinder!

Als wir anfingen, Kinder aufzunehmen, hatten wir noch keine dieser Möglichkeiten. Unser Bemühen war, ein Leben im Glaubensgehorsam zu führen und auf die Vorsorge Gottes zu vertrauen. Es gibt geistliche Zusammenhänge zwischen dem, was wir jetzt haben, und unserem Bemühen um Gehorsam gegenüber Gottes Reden.

Jeder hat mit den Dingen, die ihm zur Verfügung stehen, genügend Gelegenheiten, sich etwas einfallen zu lassen zu einem ausgefüllten Leben in seiner Familie. Bleiben Sie nicht passiv, indem Sie neidisch auf die Möglichkeiten anderer schauen. Auch in einer Mietswohnung finden sich Gelegenheiten, mit seinen Kindern Aktivitäten zu entwickeln. Ich weiß von einem Freund, der jeden Tag nach Feierabend zunächst einmal mit seinem Vierjährigen auf dem Hof zehn Minuten Fußball spielt und regelmäßig mit ihm auf seinem Fahrrad ins Grüne fährt.

Unsere Aktivitäten kann man bestimmt nicht einfach kopieren. Dazu sind wir Eltern und auch unsere Kinder zu unterschiedlich. Wir haben diese Beispiele aus unserem Familienleben herausgegriffen, um Sie in Ihren individuellen, familiären Situation anzuregen, sich selbst Gedanken zu machen um das, was Sie für sich verwirklichen können.

Offene Anerkennung der Herrschaft Jesu

Für unsere Kinder, die letztlich in einer Gesellschaft aufwachsen, die dem christlichen Glauben gegenüber gleichgültig oder feindlich gesinnt ist, ist es enorm wichtig, daß sie in der Familie mit einem befreienden, christlichen Glauben konfrontiert werden. Gerade im Familienalltag wird es sich zeigen, wie unsere Beziehung zu Jesus Christus tatsächlich ist. Die Gefahr, daß das Glaubensleben zur Routine erstarrt und letzten Endes beim heruntergeleierten Tischgebet und dem pflichtgemäß noch aufgesagten Abendgebet bleibt, ist groß.

Wenn dann noch das geistliche Leben in unserer Kirche sehr kühl ist und keine kindgerechten Formen zu bieten hat, was bleibt dann noch übrig? Etwa der Religionsunterricht in der Schule? Vielfach findet er gar nicht statt, und wenn er stattfindet, müssen wir wachsam sein und die Inhalte nach unseren christlichen Maßstäben aufarbeiten, weil häufig alles andere als christlicher Glaube gelehrt wird.

Der wichtigste und lebensnaheste Platz der christlichen Unterweisung bleibt die Familie. Unterlassen wir sie, dann wachsen unsere Kinder allen Ernstes als Heiden auf. Sie werden sich nicht einfach von selbst in unsere Gemeinde integrieren, sondern anderen Anschauungen folgen. Wenn sie dann auch noch zuhause Tag für Tag Zeuge eines unechten und geheuchelten Glaubens sind, werden sie später sogar zu Feinden des christlichen Glaubens werden.

Wir können diesen Punkt nicht ernstlich genug betonen. Gerade die Gleichgültigkeit vieler Eltern in diesem Bereich hat sie später vor große Probleme mit ihren Heranwachsenden gestellt, die nicht so einfach zu bewältigen waren. Wir müssen wachsam sein!

Der Schlüssel dazu, daß unsere Kinder später auch einmal den christlichen Glauben als Zentrum ihres Lebens ansehen, liegt in unserem erfüllten und fröhlichen Leben mit Jesus Christus. An ihren Eltern müssen sie merken, daß Jesus eine Realität ist, die das Leben ausfüllt und glücklich macht. Wenn sie dann das Leben der Christen und andere Lebensformen vergleichen, müssen sie zu dem Schluß kommen: das Christsein birgt bessere Lebensqualität, als ich sie irgendwo anders finden könnte! Dieses Vorbild zu geben, sollte unser Ziel als Eltern sein!

Nehmen Sie Jesus Christus mit hinein in den Alltag! Lassen Sie Gott ein natürliches und ungezwungenes Gesprächsthema sein! Lassen Sie nicht das Bewußtsein aufkommen, daß dem Glauben nur eine besondere Zeit am Tage, etwa vor dem Essen oder vor dem Schlafengehen, eingeräumt wird, zu der man ernst ist, die Hände faltet und versucht, fromm auszuschauen. Tragen Sie eine Haltung der Fröhlichkeit und der Dankbarkeit Gott und seiner Schöpfung gegenüber mit in den Tag hinein. Spontane Dankgebete, aber auch Fürbitten, sind genau richtig am Platz.

Unsere Kinder, auch die ganz kleinen, haben das Bedürfnis, sich über Gott in kindlicher Form zu unterhalten. Wir sollten diese Fragen nicht unterdrücken oder aus

Verlegenheit übergehen, weil uns das Thema unbequem ist oder wir meinen, sie verstünden es nicht.

Für unsere Kinder ist es sehr wichtig, daß wir, ohne schulmeisterlich zu sein, ihre Erfahrungswelt immer wieder vom christlichen Gedankengut her durchleuchten. Wir können ihnen wirksam helfen, sich von ihrem kindlichen Glaubensverständnis in dem Wirrwarr der Meinungen, die von Schule und Straße auf sie zukommen, selbst zu orientieren.

In unserem Alltag ist die Gegenwart Jesu Christi ganz selbstverständlich. Morgens sitzen wir in der Regel mit den Schulkindern am Frühstückstisch, während die Kleinen noch schlafen oder gerade aufstehen. Für die Sieben- bis Vierzehnjährigen bemühen wir uns, die Andacht vor dem Frühstück kindgerecht zu halten. Wir haben festgestellt, daß dabei der Stil variiert werden muß. So wie es auch für Erwachsene mit der Zeit langweilig wird, wenn man immer wieder das gleiche tut, so ist es auch bei Kindern. Dabei ist morgens die Zeit begrenzt, und die Andacht dauert kaum mehr als fünf Minuten. Eine Zeitlang haben wir einen Bibelvers gesungen und dabei auf die Bedeutung geachtet oder aus einem Andachtsbuch vorgelesen. Zur Zeit ist es so, daß sich für jeden Morgen ein anderes Kind aus seiner Bibel einen oder mehrere Verse heraussucht, die ihm besonders wichtig sind, und sie dann vorliest. Die Wirkung ist enorm. Die Kinder passen besser auf in der Kinderstunde, weil sie in der Woche gern einen schönen Bibelvers haben wollen, oder tauschen Bibelverse, wie andere Briefmarken tauschen. Vor dem Frühstück bete ich als Vater und bitte um den Schutz Gottes. Zum Mittag- und Abendessen betet das Kind, das Küchendienst hat. Den Tag schließen wir immer mit gemeinsamen Liedern. Wir freuen uns sehr über die vertonten Bibelstellen, die aufgrund ihrer einfachen, eingängigen Melodien sowohl für Eltern als auch für Kinder zum Segen werden. So singen wir jeden Abend mit allen Kindern eine Reihe von Chorussen in einer Haltung der

Freude, aber auch Ehrerbietung und Anbetung unserem Herrn Jesus Christus gegenüber. Danach haben wir noch eine Gebetsgemeinschaft, bei der alle mitbeten und sich frei ausdrücken.

Während des Singens haben wir nichts dagegen, wenn unsere Kleinsten sich bewegen und herumhüpfen, aber während der wenigen Minuten des Gebets achten wir darauf, daß auch sie stillsitzen. Unsere Kinder sollen von Anfang an merken, daß wir nicht irgendwie in den Raum hineinsprechen, sondern persönlich zu Jesus reden, und daß eine gewisse Haltung der Achtung dazugehört.

Darüber hinaus lesen die Kinder noch persönlich in der Bibel. Unsere Ältesten haben sich, ebenso wie ich, zum Ziel gesetzt, die Bibel einmal im Jahr mit Hilfe eines Bibelleseplanes durchzulesen. Dabei sind wir uns gegenseitig ein gutes Korrektiv und Ansporn. Die Jüngeren lesen in ihrer Bibel anhand eines Bibelleseplanes des Bibelbundes. Außerdem geben wir den Kindern immer wieder gute, christliche Literatur. Natürlich ist das, was sie lesen, auch Gesprächsstoff für uns, wann immer sich eine Gelegenheit ergibt.

Fangen Sie mit der christlichen Unterweisung in der Familie so früh wie möglich an. Schon Ihrem Säugling können Sie etwas vorsingen, so daß er bald ohne Lied und Gebet nicht mehr schlafen will. Auch für das Kleinkind ist die kurze Zeit des Tischgebetes vor seinem Brei gut. Einmal als Ausdruck der Dankbarkeit und dann um seiner Selbstbeherrschung willen. Auch wenn Sie Ihrem Kind Bilderbücher zeigen, sollten einige mit biblischen Inhalten darunter sein. Sobald es sprechen kann, leiten Sie es an, sich mit einem festen Gebet oder auch frei vor Gott zu äußern, und lesen Sie ihm aus der Kinderbibel vor, bis es selbst lesen kann.

In der Gemeinde sollten Sie auf kindgerechte Gottesdienste und eine gute Kinderarbeit hinwirken. Sagen Sie nicht, das sei in Ihrer Kirche nicht möglich. Suchen Sie sich ruhig Verbündete unter den jungen Familien, und bieten Sie Ihrem Pastor an, den Gottesdienst mitzugestalten. Viele Pastoren sind überarbeitet oder stehen allein und werden dieses Angebot dankbar annehmen. Ermutigen Sie die Mitarbeiter der Kindergottesdienste und Kinderstunden, und zeigen Sie ihnen damit, daß Sie für deren Einsatz dankbar sind und Anteil nehmen.

Ihre Kinder brauchen diese geistliche Heimat in der Gemeinde. Hier sollten sie ihre Freunde und auch Anregungen für ihre Freizeitgestaltung finden. Wenn wir das nicht schaffen können, ist die Gefahr des Abgleitens in fragwürdige Kreise um so größer. Eine weitsichtige Gemeinde wird immer für eine gute Kinder- und Jugendarbeit sorgen.

Wenn Sie bisher keiner bestimmten Gemeinde angehört haben, dann sollten Sie Ihre Gemeinde ganz gewiß auch unter dem Aspekt der Kinderarbeit auswählen. Es ist unmöglich, auf die Dauer in seinem Christsein ohne eine Bindung und Einordnung in eine Gemeinde bestehen zu können. Jedes Einzelgängertum ist gefährlich. Wir brauchen die Geborgenheit und auch das Korrektiv anderer Christen. Aber noch mehr als wir benötigen unsere Kinder die feste Integration. Der sonntägliche Gottesdienst sollte unumstößlich zum Familienleben dazugehören. Gerade in diesem Punkt müssen wir Eltern Vorbild sein. Wenn wir unverbindlich nach Lust und Laune gehen oder nicht gehen und uns nicht in eine Gemeinde einordnen wollen, werden auch unsere Kinder Schwierigkeiten haben.

Suchen Sie Ihre persönlichen Freunde in christlichen Kreisen, und halten Sie Ihr Haus für Gäste offen. Treffen Sie sich mit anderen christlichen Familien, um gesellig zusammenzusein in der Art, daß auch Kinder daran teilnehmen können und sich wohlfühlen und dann später für sich empfinden: die besten Freunde finde ich in diesen Kreisen. Es gibt also viele Möglichkeiten einer aus christlicher Sicht guten Beeinflussung.

Hängen Sie sich ein Poster oder Bild mit einem Bibelvers in den Hausflur, so daß jeder, der hereinkommt, sieht, wozu Sie sich bekennen, und kleben Sie sich ruhig ein Schild mit einem Bekenntnis zu Jesus Christus hinter die Windschutzscheibe Ihres Autos.

Wenn Sie Ihrem Nachbarn über Ihren Glauben erzählen, lassen Sie Ihre Kinder zuhören. Sie zeigen ihnen damit, wie man offensiv für seinen Glauben eintritt, und regen zur Nachahmung an.

Zur Anerkennung der Herrschaft Jesu gehört auch, daß Sie als ganze Familie auf die Vorsorge Gottes vertrauen. Wie verhalten Sie sich, wenn Schwierigkeiten oder Krankheit auftauchen? Ganz gewiß sollten wir manche Probleme vor den Kindern zurückhalten, um sie nicht unnötig zu belasten. Andererseits ist es ratsam, möglichst viele Bereiche in das Familiengebet hineinzunehmen und Gott anzuvertrauen. Wenn bei uns jemand krank ist, beten wir miteinander und vertrauen auf das Eingreifen Gottes. Deswegen lehnen wir die ärztliche Hilfe nicht ab, gehen auch selbstverständlich zum Arzt, aber wissen doch, daß unser Vater im Himmel der erste ist, an den wir uns wenden und auf den wir unser Vertrauen setzen können.

Wir haben als Familie gerade mit dem Gebet viele lehrreiche Erfahrungen gemacht. Zum einen hat Gott uns auf wunderbare Weise erhört, zum anderen gab es aber Situationen, in denen wir uns fragen wußten, warum Gott uns nicht erhört hat. Aber gerade in diesen Momenten haben wir wertvolle Lektionen für unser Glaubensleben gelernt. Auch Kinder müssen in diese Spannung des Glaubenslebens mit hineingenommen werden und persönlich lernen.

Ein Beispiel für unsere Gebetserfahrungen wollen wir berichten. Es fing damit an, daß unsere Kinder am Zaun unseres Grundstückes standen und die angrenzende, verwilderte Obstplantage betrachteten. Sofort fingen sie an zu schwärmen, wie schön es wäre, wenn wir die Fläche zu unserem Grundstück dazubekämen und uns dort Pferde halten könnten. Wir persönlich standen der Sache skeptisch gegenüber, da wir wußten, welche Pachtpreise man in unserer Gegend besonders für Obstplantagen verlangte.

Die Kinder begannen bei unserer Abendandacht dafür zu beten. Wir saßen dabei, sagten kein Wort und dachten nur: „Na, lieber Vater im Himmel, wie wirst du diesen Kindergebeten gerecht werden?" Wir als Eltern gaben dem Wunsch keine große Chance. Einige Monate verstrichen. Interessanterweise betete an jedem Abend mindestens ein Kind für dieses Anliegen. Schließich kam im Urlaub das Gespräch darauf, warum das Gebet bis jetzt nicht erhört worden war. Wir fragten die Kinder, welche Gründe wohl vorliegen könnten. Und dann trugen sie zusammen: „Vielleicht möchte Gott gar nicht, daß wir diese Obstplantage bekommen; uns geht es schon so gut", sagten die einen. Jemand anders bemerkte: „Mag sein, daß Gott sie uns geben will, aber es ist noch nicht die richtige Zeit." Und ein weiterer sagte: „Ich glaube schon, daß Gott uns die Obstplantage geben wird. Wahrscheinlich muß er erst unserem Nachbar klar machen, daß sie für uns ist."

Dieser Grund schien allen am einleuchtendsten zu sein. So änderten sie ihre Gebetstaktik. Fortan beteten sie für unseren Nachbarn, daß er von selbst auf den Gedanken käme, uns dieses Grundstück anzubieten. Tatsächlich kamen wir nach einiger Zeit mit dem Nachbarn ins Gespräch. Das Ergebnis: wir dürfen die Obstplantage kostenlos benutzen!

Dies war eine enorm wichtige, geistliche Erfahrung unserer Kinder. Aber es gab auch Erfahrungen, bei denen die anderen Argumente, die sie im Urlaub fanden, zutrafen.

Zum Vertrauen auf die Vorsorge Gottes gehört auch der Blick für die Not anderer Menschen. Gerade hier haben unsere Zuwendung anderen, bedürftigen Menschen gegenüber und der Umgang mit unseren materiellen Gütern eine große erzieherische Wirkung. Wir haben unseren Kindern das biblische Prinzip des Zehnten erklärt. Grundsätzlich geben wir mindestens den zehnten Teil unseres Einkommens für die Arbeit im Reiche Gottes. Die Bibel sagt in Maleachi, daß wir deswegen keinen Mangel haben werden, sondern umgekehrt den Segen Gottes erwarten können.

Als wir einmal über die Situation in der Dritten Welt und insbesondere über das Leben der Kinder in Indien sprachen, kam von unseren Kindern der Vorschlag, ob wir nicht ein solches Kind unterstützen könnten. Sie wollten ihren Beitrag dazu leisten und den Zehnten ihres Taschengeldes dafür hergeben. So haben wir noch ein weiteres Kind, einen indischen Patenjungen, dessen Bild an der Wand hängt und für den eine Sparbüchse bereitgestellt ist. Es ist rührend mitzuerleben, wie die Kinder täglich für den Jungen im Gebet einstehen und erhebliche Beträge ihres eigenen Geldes von sich aus in die Spardose tun. Durch diesen Jungen haben sie einen konkreten Bezug zu dem Elend in dieser Welt, zu unserem eigenen Wohlstand und unserer christlichen Verpflichtung, etwas für die Linderung dieser Not zu tun.

Die Aufzählung all der Punkte dieses Kapitels hat Ihnen vielleicht gezeigt, daß Ihre Familie einen noch ganz anderen Stellenwert in Ihrem Denken und Planen bekommen muß. Wir möchten noch einmal betonen, daß man unser Familienleben sicherlich nicht kopieren kann. Wer hat schon zehn Kinder und lebt unter den gleichen Bedingungen! Jeder muß seinen eigenen Rahmen festlegen nach den Voraussetzungen, die er vorfindet. Aber die Grundgedanken über das Zusammenleben sind wohl für jede Familie gültig. Die Beschreibung unseres Familienlebens soll lediglich Anregungen geben.

Manch einer wird jetzt seine Haltung der eigenen Familie gegenüber korrigieren. Für Sie als Mutter mag es heißen, daß Sie die Berufung für Ihre Aufgaben in Ihrer Familie, Ihrem Mann und Ihren Kindern gegenüber wieder neu bejahen und Ihre Erfüllung darin suchen. Die Geringschätzung, die unsere Gesellschaft dem Beruf einer Hausfrau entgegenbringt, hat viele christliche Frauen infiziert, so daß sie keinen Sinn mehr in ihrer Tätigkeit sehen oder sogar gegen diese Aufgabe innerlich rebellieren. Sie engagieren sich in allen möglichen Bereichen außerhalb der Familie und vernachlässigen ihre Aufgaben an den Kindern und ihrem Mann. Dieses Buch soll mit aufzeigen, wie schön und erfüllend es sein kann, wenn man seiner eigentlichen Berufung treu bleibt.

Es ist wichtig, daß Mütter einige Jahre in ihre Kinder investieren, so daß diese ihren Weg aufrichtig mit Jesus gehen können. Außerdem werden sie einmal aus dem Haus gehen, und dann ist das Leben auch noch nicht vorbei. Mütter tun einen größeren Dienst, wenn ihre Kinder später aufgrund der Erziehung eine Aufgabe im Reich Gottes wahrnehmen, als wenn sie vorher überall dabei sind und ihre Familie vernachlässigen.

Auch für die Männer gilt, daß sie neue Prioritäten für ihre Familie setzen und bewußt Zeit für sie einplanen sollten. Leider machen viele christliche Väter für sich persönlich eine Trennung zwischen ihrer Arbeit im Reich Gottes und ihrem Dienst in der Familie. Das eine ist Arbeit für Gott und das andere „nur" Familie.

Ich habe früher häufig ein schlechtes Gewissen gehabt, wenn ich mir Zeit genommen habe für meine Kinder und mit ihnen herumgetollt oder gespielt habe. Unbewußt nahm ich an, es sei Zeitverschwendung und würde nicht zum Bau am Reich Gottes dienen. Bis mir klar wurde, daß in der Familie genauso Reich Gottes gebaut wird wie in einer Teestube oder im Hauskreis oder bei der Predigtvorbereitung. Hier fängt unser Dienst an. Wir haben unserem eigenen Haus gut vorzustehen, bevor wir für die Gemeinde Gottes sorgen können. „Wenn aber jemand seinem eigenen Haus nicht vorzustehen weiß, wie wird er für die Gemeinde Gottes sorgen?" (1. Timotheus 3,5). „Wenn aber jemand die Seinen, allermeist seine Hausgenossen, nicht versorgt, der hat den Glauben verleugnet und ist ärger als ein Ungläubiger" (1. Timotheus 5,8).

Wenn wir unserer eigenen Familie nicht vorstehen können, sind wir auch nicht brauchbar für das Reich Gottes. Hier finden wir immer wieder den Testpunkt für unseren Dienst, den viele Männer einfach überspringen. Erst müssen wir Männer Gottes in der Familie sein und dort unsere Verantwortung tragen, ehe wir Männer Gottes in der Öffentlichkeit sein können.

Für mich ist das Engagement in der Familie ebenso Arbeit am Reich Gottes wie mein Reisedienst. So wie ich Zeit und Aufmerksamkeit für andere Menschen habe, so nehme ich sie mir auch für meine Familie und kann in dem Bewußtsein, eine glückliche, erfüllte Frau und eine gesunde Familie hinter mir zu haben, ganz anders im Dienst für meinen Herrn stehen.

Wir brauchen in unseren Gemeinden heile und funktionierende Familien. Lernen Sie, das richtige Gleichgewicht zu schaffen zwischen Aktivitäten außerhalb und innerhalb der Familie. Es wird sich gewiß auszahlen!

Die Familie muß ein Ort der emotionalen Geborgenheit für unsere Kinder bleiben. In dieser Atmosphäre und auf dieser Basis können dann Unterweisung und Disziplin fruchtbringend für das zukünftige Leben unserer Kinder eingesetzt werden.

UNTERWEISUNG – REGELN FÜR DAS ZUSAMMENLEBEN

Unterweisung als Bestandteil der Kindererziehung ist in der Bibel ein wichtiges Thema.

In der Art des Umganges Gottes mit uns als seinen Kindern finden wir einen Hinweis darauf, wie der praktische Umgang mit unseren Kindern aussehen sollte. Wir haben schon herausgefunden, daß Gott uns in der Bibel klare Richtlinien für das Zusammenleben mit ihm mitgegeben hat. Aus seiner Weitsicht und Liebe hat uns unser Vatergott klare Gebote zu unserem Besten gegeben. Er läßt uns nicht im Unklaren über das, was er von uns erwartet, und ändert auch nicht laufend seine Meinung.

Wir finden in der Bibel also das Erziehungsvorbild unseres himmlischen Vaters. Darüber hinaus gibt es Bibelstellen, die uns direkt darauf hinweisen, daß wir uns Zeit zur Unterweisung nehmen müssen:

„Und diese Worte, die ich dir heute gebiete, sollst du auf dem Herzen tragen, und du sollst sie deinen Kindern fleißig einschärfen und davon reden, wenn du in deinem Hause sitzest oder auf dem Wege gehest, wenn du dich niederlegst, und wenn du aufstehst; und du sollst sie zum Zeichen auf deine Hand binden, und sie sollen dir zum Schmuck zwischen deinen Augen sein; und du sollst sie auf die Pfosten deines Hauses und an deine Tore schreiben" (5. Mose 6,6-9).

„Höre, mein Sohn, die Unterweisung deines Vaters, und verwirf nicht die Lehre deiner Mutter!" (Spr.1,8).

„Gehorchet, ihr Söhne, der väterlichen Zucht, und

merket auf, damit ihr zu unterscheiden wisset!" (Spr.4,1).

„Bewahre, mein Sohn, das Gebot deines Vaters, und verwirf nicht die Lehre deiner Mutter! Binde sie beständig auf dein Herz, hänge sie um deinen Hals; auf deinen Gängen sollen sie dich geleiten, auf deinem Lager dich behüten und wenn du aufstehst, dir in den Sinn kommen!" (Spr.6,20-22).

„Erziehe den Knaben seinem Weg gemäß; er wird nicht davon weichen, auch wenn er alt wird" (Spr.22,6).

Alle genannten Bibelstellen weisen uns als Eltern darauf hin, daß wir belehrend und formend in die Entwicklung unserer Kinder eingreifen sollen. Wir haben die Aufgabe, ihr Leben aktiv und lenkend zu begleiten!

Ratschläge dieser Art finden wir bei den meisten anderen Erziehungskonzepten nicht. Natürlich, denn mein Menschenbild wird meinen Erziehungsstil prägen. Ist der Mensch von Natur aus gut, wie Rousseau es sagt, würde solch ein lenkendes Eingreifen das Kind nur einengen, in seiner Entfaltung beschneiden, frustrieren und letzten Endes neurotisch machen.

Als Christen, die wir dem Menschenbild der Bibel folgen, müssen wir bei dem Thema Unterweisung stärkere Akzente setzen, weil wir wissen, daß der Mensch von sich aus nicht so vernunftbegabt und gut ist, sondern eher einen Hang zum Destruktiven in sich trägt.

Darum diese deutliche Sprache! Das Wort „erziehen" in Sprüche 22,6 hat vom hebräischen Urtext her die Bedeutung des Trainierens, eines aktiven, beständigen Eingreifens und Formens. Es ist ein Trugschluß zu meinen, daß angemessenes Verhalten mit der Zeit von selbst kommen wird. Angemessenes Verhalten wird nicht von selbst kommen, sondern wir müssen aktiv daran arbeiten und unsere Kinder dementsprechend unterweisen.

Zur Unterweisung gehört einmal, daß wir unseren Kindern die Gedanken und Wege Gottes in der Bibel klarmachen, damit sie ihren christlichen Standpunkt in der Welt um sich herum finden können. Weiter gehört dazu, daß wir sie lehren, nach christlichen Maßstäben mit anderen zusammenzuleben. Auch müssen sie all die Fertigkeiten, die zum täglichen Leben gehören, erlernen und umsetzen können.

Es ist notwendig, daß wir als Eltern uns Gedanken machen, was wir mit unserer Erziehung erreichen wollen. Welche Erziehungsziele nennt die Bibel? Diese Ziele haben wir zu formulieren und unsere Kinder darin zu „trainieren".

Gerade in diesem Bereich finden wir oft Gedankenlosigkeit und Bequemlichkeit vor. Vielen fällt es schwer, überhaupt Ziele der Kindererziehung zu finden, sie verlieren sich in allgemeinen Bemerkungen wie: „Ich möchte, daß meine Kinder einmal ordentliche Menschen werden", oder „mein Wunsch ist, daß meine Kinder einmal glücklich sind und sich im Leben zurechtfinden." Mit so allgemein formulierten Zielen kommen wir nicht weit. Ich merke bei Erziehungsseminaren immer wieder, daß es erst einige Zeit dauert, bis Eltern zu der Frage nach den Zielen endlich konkrete Inhalte formulieren können.

Setzen Sie sich mit Ihrem Ehepartner einmal hin, und notieren Sie die konkreten Verhaltensweisen, die Sie in Ihren Kindern verwirklicht sehen möchten. Sie werden dann auf Begriffe kommen wie: Freude, Liebesfähigkeit, Vertrauen, Verzichtenkönnen, Höflichkeit, Selbstbeherrschung, Gehorsam, Ehrlichkeit, Zuverlässigkeit, Ordnung, Rücksichtnahme u.a. Letztlich wünschen wir sicherlich auch alle Persönlichkeitsmerkmale, wie sie unter den Früchten des Geistes in Galater 5,22 aufgezählt werden: Liebe, Freude, Friede, Geduld, Freundlichkeit, Gütigkeit, Treue, Sanftmut, Selbstbeherrschung.

Diese Ziele haben wir uns vor Augen zu führen und nach Möglichkeiten Ausschau zu halten, wie unsere Kinder sie lernen können. Eine leider weit verbreitete Haltung ist die, daß man mit seinen Kindern schimpft, wenn es nicht klappt, sich aber sonst kaum Zeit nimmt, sie in entsprechende Verhaltensweisen einzuführen.

Nehmen wir das Beispiel Ordnung: eine Mutter regt es fürchterlich auf, daß ihre Kinder die Sachen überall herumliegen lassen. Wenn es ihr zuviel wird, schimpft sie gehörig mit den Kindern, die Kinder nehmen es mehr oder weniger zu Herzen und räumen ein bißchen auf. Das Drama wiederholt sich, ohne daß sie eine gründliche Belehrung und Einübung zur Ordnung bekommen haben.

Erwünschtes Verhalten kommt nicht einfach von selbst. Wir haben Ziele zu formulieren und dann Wege zu suchen, um das Verhalten mit den Kindern einzuüben.

Wie lernen unsere Kinder?

Nachdem wir jetzt Ziele formuliert haben und in uns der Wunsch ist, daß unsere Kinder diese Tugenden verwirklichen können, müssen wir uns fragen, wie wir den Lernprozeß unterstützen und steuern können. Auch hier kann man sich als Eltern recht ungeschickt verhalten, und es wäre unklug, gewisse Eigenschaften im Menschen nicht auszunutzen.

Emotionale Geborgenheit

Als grundlegende Voraussetzung muß immer wieder gesagt werden, daß unsere Kinder am freudigsten und bereitwilligsten lernen werden, wenn sie sich emotional geborgen fühlen. Deswegen dieses lange Kapitel zur Basis des Zusammenlebens! Es nutzt nichts, lediglich Techniken zur Verhaltensänderung anzuwenden und weiterzugeben. Wenn die Basis der bedingungslosen Liebe genügend tragfähig ist, wird Verhaltenslenkung leichter fallen.

Unser Vorbild

Einen wesentlichen Teil ihrer Persönlichkeitsprägung erhalten die Kinder durch Nachahmung, sowohl zum Positiven wie auch zum Negativen hin. Dabei entsteht der Eindruck, daß sie das negative Verhalten, das ihnen vorgelebt wird, schneller übernehmen als das positive Verhalten. Die Gossensprache übernehmen sie ohne die geringste Anstrengung, während es ihnen manchmal sehr schwer fällt, „danke" oder „bitte" zu sagen bzw. höflich zu sein. Die Erklärung dafür finden wir sicherlich in der Grundstruktur des Menschseins mit seinem Hang zum Negativen.

In der Bibel wird immer wieder mit der Lernhilfe der Nachahmung gearbeitet. Uns werden Vorbilder beschrieben, und wir werden ermutigt, Vorbildern nachzueifern. So sagt Paulus: „Ahmt uns nach" (2. Thessalonicher 3,7), oder er schreibt in Epheser 5,1, daß wir „Gottes Nachahmer" sein sollen.

Die moderne Verhaltenspsychologie hat dafür den Begriff des „Modellernens" geprägt. Dieses Lernen am Modell ist keine Neuentdeckung, sondern schon längst vorher in der Bibel praktiziert worden. Durch unser Vorbild lernen unsere Kinder bewußt und unbewußt.

Ich persönlich bin eine Leseratte. Wenn man mich nun fragt, wie ich dazu erzogen worden bin, muß ich sagen, daß ich von meinen Eltern niemals angehalten wurde, ein Buch zu lesen. Aber Sie brauchen nur in das Wohnzimmer meiner Eltern zu schauen: Regale über Regale mit Büchern. Mein Vater war selbst ein eifriger Leser, ich sah ihn oft begeistert über den Büchern sitzen. So wurde es auch meine Verhaltensweise.

Wenn Sie nun Ziele wie Höflichkeit, Ordnung oder Selbstbeherrschung für Ihre Kinder anstreben, dann wird der Grundstock für das erfolgreiche Lernen dieser Tugenden erst einmal in Ihrem Vorbild gelegt.

Wie können Sie von Ihren Kindern Ordnung erwarten, wenn es in der Küche drunter und drüber geht oder in Ihrem Schlafzimmer die Kleidungsstücke über den ganzen Fußboden verstreut liegen. Genauso wird der Grundstock für Höflichkeit und Selbstbeherrschung in Ihrer Art des Umganges untereinander und mit Ihren Kindern gelegt. Hier lernen sie eindrücklich Tag für Tag am Modell.

Damit ist nicht gesagt, daß unser Vorbild allein ausreicht, um unsere Kinder z.B. Ordnung oder Höflichkeit zu lehren; daß es nicht so einfach ist, wissen wir aus der Praxis des Alltags. Aber wir müssen erkennen, daß andere Maßnahmen ohne diese Grundlage nicht die entsprechende Wirkung haben werden.

Unterweisung

Nun wird eine klare Belehrung und das Aufstellen von Regeln der nächste Schritt sein. Die Bibel sagt ja, daß wir die erwarteten Verhaltensformen unseren Kindern immer wieder einschärfen sollen. Am besten geschieht das in Gesprächen über unser Zusammenleben als Familie. Unsere Kinder müssen wissen, welche Verhaltensweisen wir von ihnen erwarten. Wir müssen ihnen sagen, was richtig und was falsch ist – der Maßstab dazu ist die Bibel –, und dann kleine Ziele setzen, um das Verhalten zu festigen. Dabei wissen wir, daß es ein Trugschluß ist, Erziehung allein auf Gesprächen und Anregungen aufzubauen. Das Einhalten dieser Regel muß auch überwacht werden.

Ermutigung

Eine entscheidende Hilfe zum Lernen positiver Verhaltensweisen liegt darin, dem Kind deutlich die Freude über seine Fortschritte zu zeigen. Ein Kind, das ermutigt und motiviert ist, wird sich leichter erwünschte Verhaltensweisen zu eigen machen als ein Kind, dem man Gleichgültigkeit zeigt, wenn es sich richtig verhält, das man aber tadelt und straft, wenn es sich falsch verhält.

Diese positive Bekräftigung durch Lob und Ermutigung ist im Umgang mit unseren Kindern immens wichtig. Auch hier ist uns die Bibel Vorbild. Wenn Gott persönlich sprach, finden wir häufig zuerst Worte der Ermutigung und dann erst seine Gebote. Hier haben wir als Erzieher eine Möglichkeit, die wir nicht versäumen dürfen.

Trotzdem lassen wir uns diese wertvolle Chance, erwünschtes Verhalten der Kinder zu bekräftigen und damit zu festigen, immer wieder entgehen. Kinder sind ständig dabei, sich zu orientieren, ob ihr momentanes Verhalten angemessen oder nicht angemessen ist, und warten auf eine Rückmeldung von uns. Nutzen Sie die Chance, Ihr Kind zu loben, wenn es sich angemessen verhält, mehr als es zu tadeln, wenn es sich unangemessen verhält.

Unsere Reaktion sieht oft folgendermaßen aus: Unser Kind verhält sich gut, alles läuft wie abgesprochen, und wir sind zufrieden. Lassen Sie diese Zufriedenheit Ihrem Kind immer wieder deutlich werden. Damit bestärken Sie es, bei diesem guten Verhalten zu bleiben. Oft vergessen wir diese positive Rückkoppelung und greifen erst wieder ein, wenn das Verhalten unangemessen wird.

Wir haben uns intensiv darüber Gedanken gemacht, wie wir es schaffen, unsere Kinder zu loben und zu ermutigen, wann immer es eine Gelegenheit dazu gibt. Natürlich mit einem aufrichtigen Herzen und ohne leere Worte.

Besonders wenn Kinder neu zu uns kamen und sich erst orientieren mußten, war die Bestätigung der Weg, die Herzen der Kinder zu gewinnen. Jede positive Äußerung wirkte wie ein Schub hin zu dem gewünschten Verhalten. Schulen Sie sich, ihren Blick nicht in erster Linie auf das negative Verhalten Ihrer Kinder zu richten, sondern achten Sie auf das, was Ihre Kinder schon richtig machen. Versäumen Sie nicht, sie dafür zu loben und zu ermutigen.

Eine unserer Töchter machte ihren Küchendienst sehr gut. Alles lief tadellos, der Geschirrspüler war leergeräumt, alle Sachen standen auf dem Tisch, es gab nichts zu beanstanden. Ich hätte es als selbstverständlich hinnehmen können, aber ich besann mich, sie zu ermutigen, stellte mich in die Tür und sagte: „Du machst das wirklich großartig mit deinem Küchendienst! Wie das alles so klappt!" Sie hätten die Reaktion sehen sollen! Ein strahlendes Gesicht, und mit Freude wurde die Arbeit fortgesetzt.

Ich denke an einen meiner Jungen, der wirklich Schwierigkeiten mit der Sauberkeit in der Schrift hatte. Es war nicht einfach, hier Fortschritte zu erzielen. Einmal saß er über seinen Schularbeiten, während Claudia und ich bei geöffneter Tür im Nebenzimmer waren. Ich sagte zu meiner Frau absichtlich beiläufig, aber doch laut genug, daß er es hören konnte: „Ist dir auch aufgefallen, daß unser Junge sich in der letzten Zeit wirklich Mühe gegeben hat, seine Schrift zu verbessern?" Der Junge ahnte nicht, daß wir wußten, er würde mithören. Er bekam hochrote Ohren und war mit einem ganz anderen Eifer bei der Sache. Er fühlte sich bestätigt, weil wir seine Mühe registriert hatten, und freute sich, daß wir so positiv über ihn dachten.

Achten Sie also auf die Möglichkeiten, das Verhalten Ihrer Kinder durch Ermutigung zu festigen und zu lenken.

Belohnung

Natürlich sind auch materielle Belohnungen in Form von Süßigkeiten oder kleinen Geldbeträgen eine Unterstützung, um Verhalten schneller zu erlernen. Wenn in der Sauberkeitserziehung das „große Geschäft" ins Töpfchen gemacht wird, ist ein Keks ein guter Ansporn, es das nächste Mal nicht in die Hose zu drücken, sondern wieder in das Töpfchen.

Diese Möglichkeit der Belohnung sollten wir natürlich nur zurückhaltend nutzen, damit es nicht dazu führt, daß unsere Kinder immer die Hand aufhalten, wenn sie etwas geleistet haben.

Tadel und Strafe

Tadel und andere Maßnahmen der Disziplinierung sind auch Mittel, Kinder auf falsches Verhalten hinzuweisen und es zu korrigieren. Aber Tadel und Disziplin sind nicht die ersten oder einzigen Mittel, um unsere Kinder lernwillig zu machen. So wie die anderen Dinge ihren

Platz und ihre Wirkung haben, so haben auch Tadel und Disziplin ihren klaren Platz in der Unterstützung der Unterweisung. Da das Thema Disziplin ein recht umfangreiches ist, werden wir in einem späteren Kapitel noch ausführlicher darauf eingehen und es hier bei der Erwähnung belassen.

Wir brauchen also klare Ziele für das erwünschte Verhalten der Kinder in unserer Familie. Diese Ziele müssen wir zunächst erarbeiten und dann gezielt die verschiedenen Hilfen nutzen, um Verhalten zu festigen oder zu ändern.

Regeln für das Zusammenleben

Unser Prinzip war immer, den Kindern soviel Freiheit wie möglich zu geben und so wenig Regeln wie notwendig in das Familienleben einzubauen. Wenn aber Regeln gegeben werden, dann müssen auch die entsprechenden Konsequenzen umrissen werden.

Mit den älteren Kindern (etwa ab Schulalter) haben wir unsere „Spielregeln" vielfach zusammen durchgesprochen und sie auch Konsequenzen vorschlagen lassen, so daß von beiden Seiten Einverständnis über den Umgang mit diesen Regeln herrschte.

Ein Kind empfindet Sicherheit und Geborgenheit, wenn es sich in einsichtigen und klar abgegrenzten Regeln bewegt. In seinem kindlichen Denken weiß es, daß es niemals Schwierigkeiten haben wird, es sei denn, es übertritt vorsätzlich diese Grenzen.

Ein Teil der Nervosität, Rebellion und Unausgeglichenheit von Kindern läßt sich damit erklären, daß sie nicht in der Geborgenheit klar umrissener Regeln aufwachsen und immer testen müssen, ob die Regel, die gestern noch galt, auch heute noch Bestand hat.

Wenn Regeln nach Laune und Willkür der Eltern heute einmal gelten und morgen nicht, oder wenn Verhaltensregeln dem Kind erst mitgeteilt werden, nachdem es sie übertreten hat, dann wird beim Kind Verwirrung und Erbitterung hervorgerufen.

Wir können hier wirklich nur raten, sich als Eltern (eventuell mit den Kindern) Zeit zu nehmen, den Familienalltag durchzusprechen, dabei auf die immer wiederkehrenden Schwachpunkte des Zusammenlebens zu achten und sich darüber klar zu werden, welche Regeln für ein harmonisches Familienleben notwendig sind. Sind wir hier oberflächlich oder meinen wir, es der jeweiligen Situation oder Spontaneität überlassen zu können, dann geraten wir in die Gefahr, die Verhaltensregeln für unsere Kinder ständig zu ändern oder sie unserer Laune zu überlassen. Einmal sind wir ausgeschlafen, haben einen guten Tag und lassen Verhaltensweisen zu, die uns sehr frustrieren würden, wenn wir einen schlechten Tag hätten. Oder wir stellen eine Fülle von kleinen Vorschriften auf, die weder wir noch die Kinder behalten können. So geht es nicht.

Der richtige Weg ist, einfache und wenige Regeln mit den dazugehörigen Konsequenzen aufzustellen, die für einen glatten Tagesablauf sorgen. Aber gerade, wenn wir die Regeln mit den Kindern gemeinsam aufstellen, benötigen wir viel Zeit und Mühe. Dabei müssen wir das Alter und das Vermögen des Kindes berücksichtigen. So wie die einen Eltern ihre Kinder unterfordern, so sind andere wiederum geneigt, ihre Kinder zu überfordern und ihnen zuviel Verantwortung aufzubürden.

Regeln bei Kleinkindern

Gerade das Kleinkind bis zum Alter von drei Jahren hat einen großen Entdeckerdrang, und es wäre nicht gut, diesen Drang durch zuviele „Tabus" zu unterdrücken. Die Regeln sollten auf einem Mindestmaß gehalten werden, aber auf die Einhaltung dieser Regeln sollte unbedingt geachtet werden. Die Konsequenz unseres erzieherischen Verhaltens ist gerade in diesem Alter besonders wichtig. Denn jetzt erfährt das Kind vielleicht zum ersten

Mal, daß es nicht nur um seine eigenen Wünsche geht, sondern daß es auch Verbote gibt und daß das Leben unangenehm wird, wenn man sie nicht beachtet. Gleichzeitig erfährt das Kind durch die festgelegten Grenzen ein erhöhtes Sicherheitsgefühl und innere Ausrichtung für sein Verhalten.

Werden in diesem Alter zu viele Grenzen gezogen, dann bremsen wir auf ungute Weise die Entdeckerfreude des Kindes und behindern eventuell seine weitere Entwicklung.

Ehe wir uns auf einen Machtkampf mit unserem kleinen Krabbler einlassen, weil wir nicht wollen, daß er an die Vase auf dem kleinen Beistelltisch geht, dann sollte besser die Vase verschwinden. Dadurch können wir die Tabus auf wenige, aber wirklich notwendige Regeln, wie z.B. die Steckdose, die Herdplatte, die Schubladen mit meinen Dokumenten, die Treppe oder andere wirklich wichtige Situationen, beschränken. Aber das Kind sollte auch wissen, daß es an den wenigen Regeln kein Vorbei gibt und es unangenehm wird, wenn es die Regeln überschreitet.

Christa Mewes schreibt zum Umgang mit dem Kleinkind: „Das Kind braucht einerseits Schutz, Beaufsichtigung und Führung, andererseits das Gewährenlassen, ja sogar das Anleiten zur Selbständigkeit. Viele tägliche, zermürbende Kämpfe zwischen Erziehern und Kleinkindern sind vermeidbar, wenn diesen beiden Gesichtspunkten gleichermaßen Rechnung getragen wird. Fassen die Erziehenden das Bedürfnis nach Eigenaktivität bei ihren Kleinkindern als einen gesunden und entwicklungsnotwendigen Impuls auf, so können sie den Drang zur Selbständigkeit mit Geduld respektieren" (6/S.38).

Wird unser Kleinkind nun älter, werden wir mit wachsendem Alter weitere Regeln einzuführen haben. Es kann nicht dabei bleiben, daß wir sie einmal nennen und dann erwarten, daß sie immer eingehalten werden. Wir haben sie unseren Kindern zu nennen, aber dann müssen wir sie in diese Verhaltensformen einüben. Das macht einerseits Mühe und kostet auch unsere Zeit. Natürlich geht es schneller, wenn ich sein Zimmer aufräume, es füttere, wasche und anziehe. Aber bereits mit knapp zwei Jahren möchte unser Kind dies alles selbst versuchen und hat manchmal unendlich viel Geduld und Zeit, die Strumpfhose hochzuziehen oder seine Scheibe Brot zu schmieren. Jetzt kommt es darauf an, daß auch wir Zeit und Geduld haben, es in diesem spielerischen Drang gewähren zu lassen und ihn auszunutzen, um feste Verhaltensformen zu trainieren. Tun Sie niemals etwas für Ihr Kind, was es selbst tun kann!

Ordnung

Eine unserer Regeln wird den Bereich der Ordnung betreffen. Bei uns haben wir als Regel eingeführt, daß vor dem Schlafengehen die Kleidung in einen Kasten bzw. auf einen Stuhl gelegt wird. Es ist morgens für Kinder und Eltern angenehmer, wenn sie ihre Sachen auf einem Platz vorfinden und nicht irgendwo im Haus verstreut. Diese Regel kann viele Tränen und Nerven ersparen. Unsere Zweijährige hat in ihrem Zimmer einen Schubkasten auf Rollen, den sie herausziehen kann und aus dem sie jeden Abend ihren Schlafanzug herausholt und ihre Kleidungsstücke hineintut und morgens umgekehrt. Dies ist der Beginn im Training für die Tugend Ordnung.

Der nächste Schritt ist dann das Aufräumen im eigenen Zimmer. Zunächst wird es die Mutter oder der Vater zusammen mit dem Kind tun. Hier kann man motivieren und im Wettbewerb die Bauklötze zusammen aufräumen. Das Ziel sollte so gesteckt werden, daß das Kind im Alter von 5 bis 6 Jahren, aber spätestens mit dem Schulbeginn, seinen Spielbereich alleine aufräumt. Für das Aufräumen können wir als Eltern Erleichterung schaffen, indem wir übersichtliche Kisten in den Regalen aufstellen, in die die verschiedenen Spielsachen kommen. Hier eine Kiste für die Spielzeugautos, daneben eine für die Legosteine und ein Fach für die Puppenkleidung. Dann wissen die Kinder auch genau, wohin die Sachen gehören, und das Aufräumen wird übersichtlich und einfach.

Essensgewohnheiten

Regeln, mit denen sich jede Familie auseinandersetzen muß, sind die zu Essensgewohnheiten und zum Schlafengehen. Bei uns wird das Essen gemeinsam begonnen und gemeinsam beendet. Hinter dieser Regel stehen ganz klar die Gedanken zur Selbstbeherrschung, Rücksichtnahme und Höflichkeit. Wir leiten unsere Kinder schon möglichst früh an (etwa ab 4 Jahre), sich das Essen selbst aufzutun. Dabei ermahnen wir sie, lieber kleine Portionen auf den Teller zu tun und das, was sie sich selbst zugemutet haben, dann auch aufzuessen.

In manchen Familien sind die Mahlzeiten die anstrengendste Zeit des Tages. Die Kinder springen, lärmen, stoßen Tassen um, nörgeln über das Essen, müssen ständig ermahnt werden zu essen, und zum Schluß bleiben doch halbvolle Teller zurück. Mutti ist mit den Nerven fertig, mag nicht alles in den Mülleimer kippen und wird zusehends runder. Natürlich ist es eine Zumutung, von einem Kind zu erwarten, daß es seinen Teller leer ißt, wenn vorher Mutti oder Vati einen Riesenberg draufgeschaufelt haben. Wenn wir das Kind sich selbst nehmen lassen, leiten wir es an zum Maßhalten und zu einer gesunden Selbsteinschätzung. Kinder, die sich gesund entwickeln, braucht man nicht zum Essen anzuhalten. Damit züchtet man sich nur übergewichtige Kinder heran. Normalerweise regulieren sie ihre Nahrungsmenge selbst und nehmen sich, was ihr Körper braucht. Es besteht kein Anlaß zur Sorge, wenn sie an einigen Tagen essen wie ein Mäuschen. Die Konsequenz, die hinter dieser Regel steht, ist dann die, daß sicherlich auch für den Nachtisch kein Platz mehr im Magen ist, wenn ein Kind sein selbstaufgetanes Essen nicht schafft.

Bringen Sie Ihrem Kind rechtzeitig bei, mit geschlossenem Mund zu essen (ab 4 Jahren) und richtig mit Messer und Gabel umzugehen (ab Schulalter). Manche Eltern achten zu Hause auf diese Punkte nicht und sind dann mit Recht entsetzt, wenn sie zu Besuch sind oder im Restaurant essen. Dann ist es aber zu spät, um mit Püffen und Zeichen schnell die richtigen Manieren beizubringen. Dazu gehört ein unermüdliches, tägliches Training. Erklären Sie Ihrem Kind, wie man sich am Tisch verhält, ermutigen Sie es, loben oder tadeln Sie, und wenn es trotz aller Ermahnung an seinen eigenen Formen festhalten will, kündigen Sie für das nächste Mal die Konsequenz an, daß es allein in der Küche essen muß. Das hilft in den meisten Fällen.

Schlafengehen

Ein anderes problematisches Thema ist das Schlafengehen. In vielen Familien spielt sich Tag für Tag eine lange Zeremonie ab, bis die Eltern endlich ihren wohlverdienten Feierabend haben.

Wir werden oft gefragt, wie wir das mit unseren elf Kindern machen, ob wir überhaupt abends und auch nachts zur Ruhe kommen. In der Regel haben wir einen ungestörten Abend und eine ruhige Nacht, es sei denn, ein Kind ist krank.

Gerade beim Schlafengehen zeigt sich, wie wichtig es ist, einen gesunden Rhythmus und klare Regeln zu haben. Sie können als Eltern unter Berücksichtigung der individuellen Bedürfnisse des Kindes durchrechnen, wieviel Stunden Schlaf es braucht. Danach sollten Sie die Regeln festlegen und keine Diskussion mehr aufkommen lassen.

Haben die Kinder erst einmal mit ihrer Bettelei: „Nur noch fünf Minuten", „ich will noch etwas trinken" oder „ich will dem Besuch noch Guten Abend sagen" gewonnen, können wir erleben, daß es beinahe jeden Abend ein Hin- und Hergezerre gibt, das für beide Seiten ungut ist und die Atmosphäre vor dem Einschlafen vergiftet.

Genauso verhält es sich mit dem Wiederaufstehen nach dem Schlafenlegen mit vorgeschobenen Gründen wie: „Ich muß noch einmal aufs Klo", „ich habe Durst", „ich muß noch meinen Teddy suchen". Hier müssen wir Eltern wachsam sein und erkennen, was ein echtes Anliegen ist und was nur ein Vorwand ist. Merken unsere Kinder, daß sie mit vorgeschobenen Gründen durchkommen, werden sie es immer wieder versuchen. Wir kennen Eltern, die inzwischen überhaupt keinen ruhigen Abend mehr verleben können und voll unter der Tyrannei ihrer Kinder stehen. Achten Sie darauf, daß Ihr Kind vor dem Schlafengehen noch einmal auf die Toilette geht, fragen Sie, ob es noch etwas trinken möchte und ob der Teddy im Bett ist. Sagen Sie auch, wer zu Besuch kommt, und daß Sie ganz herzlich grüßen werden. Aber verlangen Sie von Ihrem Kind, daß es nach dem Schlafengehen im Bett bleibt. Wenn aufrichtige Bedürfnisse vorliegen, werden Sie diese sicherlich heraushören und auf sie eingehen können.

Bei unseren elf Kindern haben wir nach Altersgruppen gestaffelte Zubettgeh-Zeiten eingeführt. Nach dem Abendbrot halten wir unsere Andacht, und um 19.00 Uhr gehen die drei Jüngsten ins Bett. Die nächsten um 19.30 Uhr, dann um 20.00 Uhr und zuletzt die Großen um 20.30 Uhr. Wir erwarten, daß die Schulkinder die Schlafenszeit von selbst einhalten, ohne ständige Ermahnungen, sich endlich auszuziehen und sich zu waschen. Zu ihrer Schlafenszeit kommen wir dann, geben ihnen den Gute-Nacht-Kuß und löschen das Licht. Mit dieser Regel haben wir die Kinder angeleitet, und es ist für sie selbstverständlich geworden, sich daran zu halten. Werden die Zeiten vorsätzlich und aus Bummelei nicht eingehalten, wird am nächsten Tag entsprechend eher schlafen gegangen. Das ist die vorher abgesprochene Konsequenz der Regel.

Natürlich gibt es bei uns auch genügend Ausnahmen, zum Beispiel an den schulfreien Tagen und besonders im

Urlaub. Dann gibt es Tage, an denen die Kinder wachbleiben können, solange sie wollen. Wenn sie es einmal oder höchstens zweimal bis Mitternacht am Lagerfeuer ausgehalten haben, kriechen sie an den folgenden Tagen von selbst zu ihren gewohnten Zeiten in den Schlafsack.

Es ist also wichtig, daß Kinder für ihren Nachtschlaf feststehende Regeln und einen klaren Rhythmus haben. Es ist unserer Meinung nach nicht so gut, wenn gerade Kleinkinder mehr oder weniger dem Schlafrhythmus der Eltern angepaßt werden. Wenn die Eltern abends etwas vorhaben, werden die Kinder vor der Zeit ins Bett gelockt, sind die Eltern zu Hause, schaut man nicht auf die Uhr und läßt die Kinder in den Abend hineintrödeln. Andere Eltern finden keinen Babysitter und nehmen dann ihre Kinder mit zu Abendveranstaltungen.

Wird ihnen solch ein unregelmäßiger Rhythmus anerzogen, dürfen wir uns als Eltern nicht beschweren, wenn die bereits genannten Nebenerscheinungen auftreten und unsere Kinder am nächsten Tag unausgeglichen und knörig sind.

Das ist dann nicht die Schuld der Kinder, sondern unsere Nachlässigkeit als Eltern. Wir Eltern müssen mit uns selbst konsequent sein, unsere eigene Trägheit überwinden, eventuell Verzicht üben oder einen Babysitter besorgen, um so für einen regelmäßigen Schlafrhythmus unserer Kinder sorgen zu können.

Weitere „Spielregeln"

Neben diesen Grundregeln gibt es noch eine ganze Reihe von „Spielregeln", die den individuellen Bedürfnissen einer Familie angepaßt sein sollten. Hier spielen die Räumlichkeiten eine Rolle und das Alter der Kinder, die Größe der Familie und auch die Persönlichkeitsstruktur der einzelnen Kinder.

Wir benötigen mit unserem großen Grundstück und der großen Familie sicherlich andere Regeln als eine Kleinfamilie in einer Mietwohnung.

Zum Beispiel haben wir die kleine, aber doch wertvolle Regel, daß ein Kind, das zu einem Freund, zur Schule oder zur Kinderstunde fortgeht, erst einmal Auf Wiedersehen sagt und sich meldet, wenn es zurückkommt. Damit behalten wir als Eltern den Überblick über die Aktivitäten der Kinder, bringen ihnen eine höfliche Geste bei und haben die Gelegenheit, sie von ihren Erlebnissen erzählen zu lassen, wenn sie wiederkommen.

Alle Regeln, die für die Familien aufgestellt werden, sollten gut durchdacht sein. Der Beweggrund darf nicht nur unser Bedürfnis nach Ruhe und Ordnung sein, sondern wichtige pädagogische Ziele der Unterweisung sollten dahinterstehen.

Nach dem Mittagessen ist es üblich, daß es für eine Stunde ruhig bleibt im Haus. Das bedeutet nicht, daß alle mucksmäuschenstill sein sollen, aber Gespräche und Aktivitäten werden auf Zimmerlautstärke reduziert, niemand tobt oder schreit durchs Haus. Es ist die Zeit, in der hauptsächlich Schularbeiten gemacht werden; die ganz Kleinen halten ihren Mittagsschlaf, und auch für uns als Eltern ist es eine Zeit der Entspannung. Dies hat sich über die Jahre so eingespielt, so daß wir kaum noch darauf hinweisen müssen.

Unser Wohnzimmer ist in dem sonst recht lebhaften Haus eine Oase der Ruhe. Gespielt werden kann in dem großen Flur und in den Kinderzimmern, aber wer ins Wohnzimmer kommt, hat sich der Regel anzupassen, daß dieser Ort für ruhige Beschäftigung gedacht ist. Hier sitzt einer in der Ecke und liest, jemand anders malt ein Bild, einige spielen Gesellschaftsspiele. Ich sitze dazwischen, komme auch auf meine Kosten und kann meiner Lektüre nachgehen. Wer sich nicht daran halten will, kann sich woanders beschäftigen und das sogar lautstark. Wenn es einem Kind in den Kinderzimmern zu laut wird, kann es seine Sachen schnappen und sich ins Wohnzimmer zurückziehen. So kann man allen individuellen Bedürfnissen gerecht werden.

Kommen wir als Familie in eine neue Situation, sollten wir uns schon vorher überlegen, welche Spannungen auftauchen und wie wir ihnen begegnen können.

Wir waren als Familie einmal eingeladen, in dem Haus von Freunden Urlaub zu machen, während sie selbst verreist waren. Als wir ankamen, schauten wir uns alles an und setzten uns zusammen, um die nächsten Tage durchzusprechen und Regeln festzulegen. Eine Regel war, daß das schöne Wohnzimmer mit einigen wertvollen Gegenständen nur zur Unterhaltung, Lektüre und für Gesellschaftsspiele offen war und alles Toben in die Kinderzimmer gehörte. Für den Fall der Fälle kündigten wir auch noch an, daß bei Übertretung der Regel das Wohnzimmer für den Betreffenden einige Tage tabu bliebe. Wir hatten eine wunderbare Zeit und konnten das Haus wieder unversehrt übergeben.

Wie hätte es aber ausgehen können, wenn wir ohne Absprache von Regeln dort eingezogen wären! Eines Tages hätte ich vielleicht, gerade auf der Veranda liegend, ein lautes Klirren aus dem Wohnzimmer gehört und wäre voll böser Ahnungen hineingelaufen.

Tatsächlich, da haben doch zwei Kinder eine Kissenschlacht gemacht, und die kostbare Vase ist kaputt. Sich jetzt zu beherrschen fällt schwer. Was werden unsere Gastgeber sagen? Hätten die Kinder nicht daran denken können, daß .....?

So sind nun einmal Kinder. Ist es da nicht besser, man setzt sich vorher zusammen, spricht alles durch, legt die Regeln fest und sagt auch deutlich, welche Konsequenzen folgen werden!

Regeln einüben

Wenn wir Regeln einführen wollen, sollten wir vorher wirklich durchdenken, was wir damit erreichen wollen, was unsere Kinder daraus lernen sollen und ob die Regeln dem Alter angemessen sind. Lohnt es sich wirklich, diese Regel einzuführen und dann auch dabei zu bleiben?

Wenn ja, dann setzen Sie sich mit Ihren Kindern zusammen, erklären Sie ihnen mit verständlichen Worten, warum Sie die Regel einführen, und nennen Sie auch gleich die Konsequenz, die einer Nichtbeachtung der Regel folgen wird.

Es gibt Kinder, die sich von vornherein daran halten und es bald zu ihrer Lebenshaltung machen. Aber nicht alle sind so! Andere brauchen eine feste Hand bei der Einübung der Verhaltensformen. Beobachten Sie immer die Einhaltung der von Ihnen eingeführten Regeln. In der ersten Zeit ist es nicht nötig, Übertretungen sofort zu ahnden. Vielmehr sollten Sie mit Ihrem Kind im Gespräch bleiben und es öfters an die Absprache erinnern. Erst wenn Sie sehen, daß das Kind vorsätzlich trotz besseren Wissens gehandelt hat, sollten Sie die Konsequenzen ziehen. Sicherlich erfordert gerade diese abgestufte Einflußnahme einen besonderen Einsatz der Eltern. Schon deshalb sollte man nur wenige, aber klar umgrenzte Regeln einführen.

Auch wir haben Fehler gemacht und mußten immer wieder lernen. Man ist zu schnell dabei, eine Regel einzuführen, dann die Kinder sich selbst zu überlassen, bis man sich plötzlich erinnert. Natürlich haben die Kinder sich nicht daran gehalten, und man schimpft oder straft. Das ist nicht der richtige Weg!

Führen Sie Regeln ein, und betreuen Sie Ihr Kind, bis es die Verhaltensweisen beherrscht. Erst danach ist es angebracht, auch mit Konsequenzen zu reagieren.

Einige unserer Kinder halten von sich aus ohne jede Kontrolle ihre Schultaschen in Ordnung. Bei unseren drei Jungen entdeckten wir eines Tages ein fürchterliches Durcheinander in den Taschen: Hefte waren nicht in den Umschlägen, Arbeitsblätter, die in Mappen geheftet werden sollten, lagen zerknüllt unten im Ranzen, auf manchen Heften stand kein Name, und in den Büchern war herumgekritzelt.

Wir waren verärgert und schimpften mit ihnen. Völlig

selbstverständlich hatten wir sie an den großen Schwestern gemessen, die von sich aus eine gewisse Ordnung hielten und bei denen so etwas noch nicht vorgekommen war. Aber dann haben wir nachgedacht. Hatten wir uns jemals Zeit genommen, um die Jungen in das einzuführen, was wir unter einem ordentlichen Schulranzen verstanden? Natürlich hatten wir es ihnen am Anfang der Schulzeit gesagt und immer mal wieder eine Bemerkung fallen gelassen. Aber das war alles. Ohne eine richtige Anleitung konnte sich die Ordnung nicht einstellen. So zeigten wir ihnen, wie Blätter ordentlich gelocht und dann abgeheftet werden, wiesen sie darauf hin, daß jedes Heft in einen Umschlag gehört und der Name ordentlich daraufsteht und daß es nicht richtig sei, in die Bücher zu schmieren. Damit entließen wir sie.

Wochen vergingen, und wir bekamen die Schulranzen wieder in die Hände. Das gleiche Durcheinander wie vorher. Bei manchen Kindern reicht es einfach nicht aus, ihnen die Verhaltensregeln zu nennen und sie dann zu entlassen. Kinder sind unterschiedlich! Nur zu schimpfen oder zu strafen, wenn es nicht klappt, und sie dann doch wieder sich selbst zu überlassen, reicht nicht aus.

Das Ergebnis für unsere Söhne ist nun, daß sie jeden Montagmittag anmarschieren und mir ihren Ranzen zeigen. Dieser Zeitraum reicht aus, daß Woche für Woche der Ranzen ordentlich ist. Weder für die Jungen noch für mich ist es eine Sache der strengen Kontrolle, und sie selbst haben Freude daran, daß ihr Ranzen ordentlich ist. Es ist eine Hilfe für sie, Verhaltensformen zu lernen und zu ihren eigenen zu machen. Der nächste Schritt wird sein, daß ich die Intervalle der Kontrolle verlängere in der Hoffnung, sie einmal ganz sein lassen zu können.

Mitarbeit in der Familie

Zur Unterweisung in die Verhaltensformen eines Kindes gehört auch das Thema „Mitarbeit in der Familie". Gerade hier brauchen wir als Eltern ein klares Konzept und müssen weitreichende Ziele für die Persönlichkeitsentwicklung unseres Kindes stecken. Möchten Sie, daß Ihr Kind Hilfsbereitschaft, Ausdauer, Selbständigkeit erwirbt, dann geben Sie ihm Aufgaben, bei denen es diese Tugenden erlernen und anwenden kann. Der ideale Rahmen ist die Mitarbeit in der Familie.

Wir gehen davon aus, daß jeder, Mädchen wie Junge, seinen Teil Verantwortung im Familienleben hat. Die Eltern sind nicht die Dienstboten ihrer Kinder! Obwohl es in vielen Familien so zugeht. Man findet immer eine Entschuldigung dafür: zuerst sind die Kinder zu klein, um mithelfen zu können; es geht allein ja viel schneller. Später haben sie zuviel andere Dinge zu tun, um auf den Gedanken zu kommen mitzuhelfen. Ehe man sich dann bei den Heranwachsenden ihr langes Gesicht ansieht oder ihr Gemeckere über sich ergehen läßt, macht man alles selbst, während die Kinder die Beine unter den Tisch strecken. Es ist natürlich für heranwachsende Kinder auch nicht einzusehen, daß sie auf einmal mit anfassen sollen, wo es doch vorher so schön bequem für sie lief.

Man kann nicht früh genug mit Erziehung zur Mitarbeit beginnen. Fangen Sie in dem Alter an, in dem Ihr Kind gern bereit ist. Das wird so mit knapp zwei Jahren sein, wenn es bei allen möglichen und unmöglichen Situationen: „Ich, ich, ich"! ruft. Jetzt keine Zeit zu haben und alles schnell für das Kind zu erledigen, stellt die Weichen in eine ungute Richtung. Nehmen Sie sich Zeit, lassen Sie das Kind seine Schuhe allein anziehen, zeigen Sie ihm, wo es seine Sachen hintun kann, und legen Sie damit den Grundstein für Selbständigkeit. Lassen Sie sich ruhig beim Abräumen des Tisches helfen. Das volle Marmeladenglas können Sie ja schnell zur Seite schieben; aber die Löffel und die Tassen kann ihr Kind schon in die Küche tragen. Sparen Sie nicht mit Lob, und nehmen Sie in Kauf, wenn eine Tasse zerbricht. Die Tugenden, die Ihr Kind lernt, sind mehr wert als eine zerbrochene Tasse.

Sicherlich ist die Hilfe zunächst nur Spielerei. Trotzdem werden zu diesem frühen Zeitpunkt die Grundlagen für eine Haltung der Hilfsbereitschaft, Selbständigkeit und Ausdauer gelegt. Später kann das Kind mit Liebe und Beständigkeit unterwiesen und in seine Aufgaben innerhalb der Familie eingeführt werden. Auch hierfür sollten wir uns Zeit und Geduld nehmen, um unser Kind über einen längeren Zeitraum zu trainieren.

Bei uns haben die Kinder einmal in der Woche für einen ganzen Tag Küchendienst. Sie werden in die Aufgabe eingeführt, wenn sie in die Schule kommen. Die Jüngeren machen es mit klar getrennten Aufgaben zu zweit und die Älteren allein. Dazu gehört, daß sie den Tisch vollständig decken und abräumen, das schmutzige Geschirr in den Geschirrspüler tun und das saubere in die Regale und Schränke räumen.

Die Kinder leeren die Papierkörbe in ihren Zimmern allein aus. Sie bringen ihre Schmutzwäsche ins Badezimmer und räumen die saubere Wäsche selbständig in ihre Schränke ein. Die drei großen Mädchen sind allein verantwortlich für die Ordnung in ihrem kleinen Bad. Die Kinder putzen ihre Schuhe selbst und achten an ihrem Platz in der Garderobe auf Ordnung. Fast alle haben darüber hinaus regelmäßige Aufgaben: Die eine versorgt den Hund, der andere Schafe, wieder ein anderer die Pferde und die Hühner. Mein ältester Sohn achtet während des Winters darauf, daß immer das Feuer im Kaminofen in der Diele brennt und so das Haus warm bleibt. In einer großen Familie ist viel zu tun. Trotzdem gibt es auch Aufgaben, die die Kinder von sich aus übernehmen wollen. Als unser zweitjüngstes Kind geboren wurde, sagte eins unserer Mädchen: „Mama, ich werde immer dafür sorgen, daß der Windeleimer geleert wird." Sie tut es nun schon über zwei Jahre, und wir brauchen sie nicht oft an ihr Versprechen zu erinnern.

Alle Kinder wissen, daß sie ihren Teil Verantwortung tragen, damit der Familienalltag reibungslos läuft. Für

Claudia und mich war dies ein klar formuliertes Erziehungsziel. Tatsächlich ist es zu einer nahezu selbstverständlichen Haltung bei den Kindern geworden. Natürlich gibt es auch einmal lange Gesichter. Wir sollten die Kinder nicht gerade auffordern, etwas zu tun, wenn sie sehr intensiv mit einem Spiel beschäftigt sind. Außerdem benötigen sie innerhalb gewisser Grenzen ausreichend Freiraum zur Erledigung von Aufgaben.

Dabei verheimlichen wir nicht, wie wenig Spaß uns selbst die Hausarbeit manchmal macht: „Hausarbeit muß nicht immer schön sein. Wir arbeiten auch nicht nur, weil es uns Spaß macht, sondern weil es für das Zusammenleben notwendig ist und weil wir euch lieb haben. Wenn wir mal für einen Tag nur das täten, wozu wir Lust haben, dann wärt ihr arm dran!"

So erfahren unsere Kinder, daß es nicht nur um das geht, wozu man Lust hat, sondern auch um das, was notwendig ist und was man aus Liebe zu anderen tut. Es würde sich fatal auf die Entwicklung eines Jugendlichen auswirken, wenn er seine ganze Kindheit hindurch nur das tun müßte, wozu er gerade Lust hätte. Wenn sein Arbeitsverhalten als Jugendlicher und als Erwachsener später immer noch von dieser Lust gesteuert wird, ist er wirklich nicht gesellschaftsfähig. Deshalb ist es wichtig, den Kindern diese Werte rechtzeitig zu vermitteln.

Gerade in bezug auf Arbeiten in der Familie ist unser Vorbild als Eltern wichtig. Erledigen wir unsere Arbeit freudig und schwungvoll, so haben auch unsere Kinder eine gute Anleitung für ihr Arbeitsverhalten. Schleicht die Mutter lustlos, träge durch das Haus und stöhnt sie unentwegt über die Arbeit, die noch zu tun ist, dann wird auch dieses Verhalten unsere Kinder prägen.

In unserer Familie haben wir uns mit den Kindern abgesprochen, daß es Dinge gibt, die wir alle, Eltern wie Kinder, wie selbstverständlich tun wollen, ohne eine Belohnung zu erwarten. Darüber hinaus gibt es Arbeiten, die getan und auch bezahlt werden.

Zu der ersten Kategorie gehören alle Arbeiten, die mit dem Haushalt zusammenhängen. Ich als Vater stecke mir schließlich auch keinen Lutscher in den Mund, nur weil ich den Mülleimer hinuntergetragen habe.

Daneben gibt es aber bei uns noch viele Arbeiten, die nicht unter den Bereich Haushalt fallen: Auto waschen, Hof harken, Holz stapeln, Unkraut jäten, Rasen oder Laub zusammenharken u.a. Diese Arbeiten schreiben wir aus, und wer Lust hat, sein Taschengeld aufzubessern, übernimmt sie. Wir sagen ihnen dann: „Wenn ihr arbeitet wie ein Erwachsener, sollt ihr auch bezahlt werden wie ein Erwachsener. Ihr bekommt euer Geld, wenn die Arbeit tadellos und ordentlich durchgeführt worden ist."

Es ist wichtig für die Kinder zu merken, daß solche Arbeit keine Spielerei ist, die man anfängt und liegenläßt, wann immer man Lust hat. Gibt das Kind sein Versprechen, soll es dies auch halten und bekommt die entsprechende Belohnung. Achten Sie darauf, wenn Sie Ihren Kindern Arbeiten geben, daß die Aufgaben altersgemäß sind und, wenn diese Voraussetzung gegeben ist, auch ordentlich bis zum Ende durchgeführt wird.

Mit dieser Unterteilung in selbstverständliche Arbeiten und solche, die bezahlt werden, vermeiden wir die Haltung, daß Kinder meinen, immer eine Belohnung erwarten zu können, wenn sie etwas getan haben. Sie wissen, wofür es Belohnungen gibt und wofür nicht.

Bisher hat sich immer jemand gefunden, der gern eine Arbeit übernommen hat. Immerhin können sie damit ihr Taschengeld erheblich aufbessern und Dinge ersparen, die ihnen sonst nicht zugänglich wären. Mit selbstverdienten Sachen wird dann in der Regel sorgfältiger umgegangen als mit Geschenken.

Nun wird der Tätigkeitsbereich in Ihrer Familie vielleicht nicht so umfangreich sein. Aber auch Sie können für Ihren persönlichen Rahmen Möglichkeiten der Mitarbeit finden, so daß auch diese Ziele in der Persönlichkeitsentfaltung angestrebt werden können.

Gerade in diesem Bereich ist es besonders wichtig, daß wir Eltern ein klares Konzept für den Umgang unserer Kinder mit ihrem Geld haben. Wir wissen, daß mancher Erwachsene diesen Bereich noch nicht im Griff hat und immer wieder in Probleme gerät. Die Grundlage dafür wird ganz bestimmt im Kindesalter gelegt.

Hat ein Kind niemals einen festen Betrag zur Verfügung, weil ihm immer alles gekauft wird, oder geben ihm die Eltern je nach Bedarf Geldbeträge zur Befriedigung seiner Wünsche, so wird es den Wert des Geldes nur schwer schätzen lernen und vielleicht immer sein Geld ausgeben, wie es gerade „flüssig" ist.

Um hier Verantwortung zu lehren, ist es notwendig, seinen Kindern ab einem gewissen Alter einen festen Betrag zur persönlichen Verwendung zu geben und dabei natürlich nicht mit Anregungen zurückzuhalten, was man alles damit machen kann.

Bei uns beginnt die Taschengeldauszahlung mit der Einschulung und wird dann von Schuljahr zu Schuljahr erhöht. Während der Grundschulzeit geben wir das Taschengeld wöchentlich. Mit dem 5. Schuljahr fangen wir an, es monatlich zu geben. Dies stellt einen gewissen Anspruch an die Fähigkeit hauszuhalten. Es gelingt nicht jedem Kind, sein Geld über den ganzen Monat hindurch einzuteilen. Wenn es dabei Schiffbruch erleidet, sollte man zunächst noch bei der wöchentlichen Auszahlung bleiben.

Da bei Kindern Geld sehr schnell lose herumfliegt, ein kleiner Hinweis: Wir geben das Taschengeld nur in die bereitgehaltene Geldbörse oder Sparbüchse. So wissen wir, daß es zunächst erst einmal am richtigen Ort steckt.

Die Höhe des Taschengeldes ist sicher auch noch ein wichtiger Punkt. Da muß man sich als Eltern zunächst klar sein, was das Kind von dem Geld alles bestreiten soll. Ist es nur für seine ganz persönliche Verwendung, für Süßigkeiten, kleine Spielsachen, Geschenke u.a. gedacht, oder soll es sich davon auch seine Schulmaterialien wie neue Hefte, Bleistifte, Radiergummis und, wenn es älter ist, z.B. auch seine persönliche Kleidung bestreiten? Es ist gut, wenn mit wachsendem Alter ein zunehmender Verantwortungsbereich mit höherem Taschengeld angestrebt wird.

Da wir unseren Bedarf für 8 Schulkinder im Großhandel kaufen und auch die Ältesten für andere Verantwortungsbereiche noch zu jung sind, ist das Taschengeld zur Zeit allein für die persönliche Verwendung bestimmt. Wir halten die Höhe im Vergleich mit ihren Schulkameraden etwas unter dem Durchschnitt; unsere Erstklässler fangen mit 0,80 DM in der Woche an, und die Mädchen in der 7. Klasse erhalten 10,– DM im Monat. Dafür haben wir in unserer großen Familie einen eigenen „Süßigkeitenladen" mit Bonbons, Kaugummis, Keksen, Eis, Nüssen und Trockenobst zu Preisen, die weit unter dem Ladenpreis liegen. Damit sparen die Kinder Geld, weil sie nicht am teuren Kiosk kaufen müssen (aber natürlich können). Außerdem haben wir einen gewissen Überblick über den Geldfluß und können den ja bekanntlich sehr ungesunden Süßigkeitskonsum wenigstens etwas durch die von uns ausgewählten Artikel steuern.

Darüber hinaus leiten wir unsere Kinder an, für wertvollere Dinge zu sparen, die sie gerade nicht zum Geburtstag oder zu Weihnachten geschenkt bekommen haben, z.B. einen Kassettenrekorder, Teile zur Lego-Eisenbahn, einen Fahrrad-Tacho oder was sonst an Sehnsüchten in einem Kinderhirn herumspukt. Bei Dingen, die auch uns sinnvoll erscheinen, sind wir immer bereit, etwa ein Drittel dazuzugeben, damit das Sparziel nicht zu hoch ist. Die Möglichkeit, sich durch Arbeiten auf dem Grundstück Geld verdienen zu können, läßt die Kinder das Sparziel relativ schnell erreichen.

Wir hoffen auf diese Weise, unsere Kinder auch im Umgang mit Geld anzuleiten.

FEHLVERHALTEN UND DISZIPLIN

Ein umstrittenes Thema

Mit dem Begriff „Disziplin", den uns die Bibel als eine weitere Grundlage im Umgang mit Kindern nennt, kommen wir zu dem wohl umstrittensten Thema in der Geschichte der Kindererziehung.

Das griechische Wort aus Epheser 6,4 wird meist mit „Zucht" oder „Disziplin" übersetzt und bedeutet vom Urtext her eine konsequente Erziehung, die Belohnung, aber auch Strafe kennt.

Wenn sich die Erzieher in den schon beschriebenen Umgangsformen mit Kindern auch mehr oder weniger einig sind, bei diesen Formulierungen scheiden sich die Geister!

Manche Erziehungswissenschaftler weichen diesem Thema von vornherein aus oder geben Eltern Ratschläge, die sich in der Praxis des Alltags als utopisch erweisen.

Die Tatsache, daß ein Kind rebelliert, paßt eben nicht in das humanistische Menschenbild, andererseits gehört es zum Erziehungsalltag, daß Kinder nicht so wollen, wie wir es uns vorstellen. Wer hat schuld, wenn Kinder sich unangepaßt verhalten und ihren Eltern auf die Nerven gehen? Da nach dem humanistischen Menschenbild das Kind von Natur aus nicht schlecht sein kann, können die Fehler nur bei den Eltern und in den vorgefundenen Umweltbedingungen liegen.

So steht unser gesellschaftliches System im Feuer der Kritik, und deshalb werden vor allem die Eltern von allen Seiten unter Druck gesetzt. Wir brauchen nur zu wiederholen, was die verschiedenen Erziehungstheorien sagen: „Sie haben noch nicht genug Zuwendung in Ihr Kind investiert. Nehmen Sie sich mehr Zeit, sprechen Sie mit Ihrem Kind, und zeigen Sie ihm Ihre Liebe, dann wird es sich auch angemessen verhalten!"

„Daß Ihr Kind so rebellisch ist, liegt an Ihrer autoritären Haltung als Eltern. Lassen Sie Ihr Kind gewähren, frustrieren Sie es nicht laufend mit Ihren Einschränkungen, sonst wird es noch bleibende Schäden für sein Leben behalten."

Thomas Gordon meint in seinem Buch „Familienkonferenz", daß wir auf jede Art von Bestrafung verzichten können, wenn wir nur „aktiv zuhören" würden. Das klingt zu schön, um wahr zu sein. Er geht auf diesen Einwand ein und nennt als Bedingung, um diese neue Einstellung zur Kindererziehung zu erlernen, daß man nur fest genug überzeugt sein muß, daß diese Methode auch wirklich funktionieren wird (2/S.13). Also ein Glaubensschritt als Grundlage für eine „wissenschaftliche" Methode.

Rudolf Dreikurs lehrt, daß wir Regeln zum Zusammenleben in unserer Familie brauchen. Er hat also den gleichen Ansatz wie wir, aber er lehnt jede Art von Zwang zum Gehorsam durch Bestrafung ab. „Wir müssen uns klar machen, daß wir nicht mehr in einer autokratischen Gesellschaft leben, in der man Kinder ‚beherrschen' kann, sondern in einer demokratischen, wo man sie ‚leiten' muß. Wir können nicht mehr unseren Willen den Kindern aufzwingen, sondern müssen jetzt das richtige Benehmen ‚anregen'." (4/S. 89)

Anregen, Vorschläge machen, motivieren sind seine Schlagwörter. In der Regel muß das ausreichen, damit Kinder sich regelkonform verhalten. Darüber hinaus akzeptiert er noch als Erziehungsmittel „natürliche und logische Folgen", die ein Kind aufgrund seiner falschen Entscheidungen sich selbst zuzuschreiben hat. Klappt es nicht so, wie es in seinem Erziehungsbuch vorgeschlagen wird, geht es in der Familie nicht demokratisch genug zu.

Erziehungsbücher, die Zucht und Strafe befürworten, tun dies meistens mit der Warnung, daß Bestrafung das äußerste Mittel bleiben muß, wenn nichts anderes mehr wirkt. Gleichzeitig wird dringend ermahnt, ja auf der Hut zu sein, damit das Kind keinen bleibenden seelischen Schaden zurückbehält.

Es ist nur verständlich, daß junge Eltern, die laufend mit diesen Thesen gefüttert werden, total verunsichert sind, unter Verdammungsgefühlen leiden und unter ständigem Leistungsdruck stehen. Denn schließlich sind sie schuld, wenn ihre Kinder nichts werden. Sie haben nicht genug Freiheit gegeben, nicht genug geliebt, nicht richtig zugehört und nicht genügend angeregt. Wenn sie dann tatsächlich einmal streng gewesen sind und „nein" gesagt haben, plagt die Eltern das schlechte Gewissen, daß sie nun ihrem Kind eine Neurose verpaßt haben.

Das sind die tragischen Konsequenzen eines Menschenbildes, daß von der irrigen Voraussetzung ausgeht, daß der Mensch von Natur aus gut sei.

Als christliche Erzieher verstehen wir, all diese Begriffe in unsere Erziehung zu integrieren. Wir wissen, daß ein hartes, diktatorisches Verhalten einem Kind schaden kann, und sehen, daß Motivation, Zuhören und Liebe unbedingte Voraussetzungen für ein harmonisches Familienleben sind, aber wir wissen auch noch mehr: in unseren Kindern ist ein schmerzlicher Zwiespalt zwischen Liebe und Ego. Sie wissen, was richtig ist, und wollen auch danach handeln, bringen es aber doch nicht fertig, wenn wir als Eltern nicht klare Grenzen ziehen.

In der gleichen Problematik stehen wir auch noch als Erwachsene. Paulus hat es für uns alle formuliert: „Denn ich weiß, daß in mir, das ist in meinem Fleische, nichts Gutes wohnt; das Wollen ist zwar bei mir vorhanden, aber das Vollbringen des Guten gelingt mir nicht! Denn nicht das Gute, das ich will, tue ich, sondern das Böse, das ich nicht will, übe ich aus" (Römer 7,18-19).

Mit diesem menschlichen Zwiespalt zwischen Liebe

und Ego, daß ich einerseits weiß, was ich tun sollte, und es auch tun will, es aber trotzdem nicht schaffe, rechnet das humanistische Menschenbild nicht.

Aber gerade damit müssen wir rechnen. Auch schon bei Kindern! Dieses Wissen wird uns helfen, um so sachlicher Erziehungssituationen einzuordnen. Manche Eltern werden hilflos, wenn sie erleben, daß sich ihre Kinder auflehnen und häßlich benehmen. Dies braucht uns letztlich nicht zu enttäuschen. Kinder werden Fehlverhalten zeigen! Wir müssen damit rechnen, und aufgrund dieses Wissens können wir um so sachlicher aus der Offensive heraus agieren, statt hilflos im Affekt zu reagieren.

Wir persönlich möchten zu Hause mit unseren Kindern die positivste, liebevollste Beziehung haben, die möglich ist, und bemühen uns immer darum, diese Atmosphäre der Geborgenheit und Möglichkeiten zur persönlichen Entfaltung zu schaffen.

Wir nehmen uns Zeit zum Gespräch und zum Zuhören und bemühen uns um emotionale Zuwendung dem einzelnen gegenüber. Bei dem Aufstellen der Familienregeln achten wir darauf, daß sie dem Kind angemesen und zu seinem Wohle sind; und trotzdem wissen wir, daß all diese Bemühungen nicht ausreichen werden, um ein angemessenes Verhalten zu erreichen.

Unsere Anstrengungen tragen sicherlich dazu bei, daß ein Kind sich wohlfühlt und in das Familienleben einfügen will. Aber dann ist da noch der Zwiespalt zwischen Liebe und Ego, der von Zeit zu Zeit das Familienleben in Spannung versetzen wird und Konsequenzen von unserer Seite erfordert.

Dieses Wissen um den Zwiespalt in unseren Kindern läßt uns als Eltern gelassen reagieren. Wir sind nicht so sehr auf das momentane Verhalten unserer Kinder fixiert, daß wir meinen, unsere Kinder liebten uns nicht, weil sie sich in gewissen Situationen falsch benehmen. Sie lieben uns auch gerade dann, wenn wir Disziplin ausüben müssen, um ihnen die Grenzen zu zeigen.

Ein Kind, das sich emotional geborgen fühlt und sich innerhalb klarer Familienregeln bewegt, wird niemals seelischen Schaden nehmen, wenn wir es zu bestrafen haben, auch wenn unsere Strafe einmal unangemessen sein sollte. Wir alle lernen, keiner von uns Eltern ist perfekt. Es sind nicht unsere wenigen, von Zeit zu Zeit auftauchenden Fehler, die ein Kind zerstören. Ein Kind wird durch den ständigen Einfluß unguter Bedingungen während der Kindheit seelisch geschädigt. Ein ausgewogenes Gleichgewicht zwischen Liebe und Disziplin dagegen wird gesunde und verantwortungsbewußte Kinder heranziehen.

Was ist Fehlverhalten?

In dem engen Zusammenleben innerhalb einer Familie kann es immer Konfliktsituationen geben. Deswegen muß noch einmal die Frage geklärt werden: Was ist eigentlich Ungehorsam oder Fehlverhalten? Was für die einen Eltern noch akzeptabel ist, ist für andere schon eine Ungezogenheit, die man bestrafen sollte.

Grundsätzlich ist die Bibel Maßstab für das, was richtig bzw. falsch ist. Sie nimmt klar Stellung zur moralischen Beurteilung z.B. von Lügen, Stehlen, Achtung vor den Eltern und anderen Menschen, Geschlechtserziehung, Rücksichtnahme, Verzicht, Gefühlsausbrüchen u.a.

Hier haben wir als christliche Eltern einen absoluten Maßstab, den andere nicht so haben. Wenn Sie mit Ihrem Sprößling zu einer psychologischen Erziehungsberatung gehen, dann kann es geschehen, daß den eben genannten Begriffen, je nach Anschauung des Psychologen, eine andere Wertigkeit gegeben wird und die Ratschläge auch entsprechend aussehen.

Wir werden also unser Familienleben nach diesen biblischen Werten ausrichten und entsprechende Regeln aufstellen. Aber damit ist noch nicht das ganze Spektrum des Zusammenlebens bis in alle Einzelheiten abgedeckt.

Hier kommt die Problematik des persönlichen Ermessens noch hinzu.

Für den einen ist es ganz akzeptabel, wenn die Kinder den ganzen Nachmittag durchs Haus toben, während ein anderer diese Situation nicht mehr ertragen kann. Die eine Mutter möchte eine Superordnung im Kinderzimmer haben, und der anderen reicht es, wenn abends nichts mehr auf dem Fußboden herumliegt. Die einen Eltern drängen darauf, daß ihre Kinder einen Diener bei der Begrüßung von Gästen machen, den anderen genügt ein flüchtiges „Hallo".

Wir können noch eine Menge Beispiele aufzählen, an denen wir erkennen können, daß deren Beurteilung und Einordnung abhängig ist von unserer Persönlichkeitsstruktur und von unserer jeweiligen Anschauung.

Hier hilft nur, sich immer wieder ehrlich zu fragen, warum ich etwas von dem Kind erwarte: Ist es reine Gedankenlosigkeit? Tue ich es nur, um meine Ruhe zu haben oder um meinen persönlichen Ehrgeiz zu befriedigen? Vergleiche ich meine Kinder zu sehr mit den Kindern meiner Freunde und will, daß sie unbedingt auch so höflich oder so ordentlich sind?

Diesen Fragenbereich zu durchleuchten ist nicht so einfach. Aber ein ehrliches Fragen nach den Motiven unserer Erwartungen und offene Gespräche mit dem Ehepartner werden helfen, ein gesundes Maß zu finden.

Wenn auch Sie den Grundsatz vor Augen haben, Ihren Kindern eine größtmögliche Freiheit zu gewähren und klare Regeln in den wesentlichen Bereichen aufzustellen, dann können Sie viel an unnötigem Konfliktstoff vermeiden. Viel Dirigieren und viele Regeln rufen viele Übertretungen und Strafen hervor.

Gründe für den Ungehorsam unserer Kinder

Während der elf Jahre, die wir jetzt in unserer Familie zusammenleben, haben wir eins schnell begriffen: jedes

Fehlverhalten ist auch eine Botschaft an uns Eltern! Diese Botschaft müssen wir heraushören und bei unseren Reaktionen berücksichtigen. Nur dann können wir den Bedürfnissen unserer Kinder wirklich gerecht werden.

Auch wenn wir aufgrund der biblischen Aussagen die Notwendigkeit der Züchtigung in der Kindererziehung vertreten, warnen wir vor einer herzlosen Wenn-Dann-Haltung des Erziehers.

Bei Fehlverhalten sollte unsere erste Reaktion nicht sein: „Wie kann ich das korrigieren?", sondern „Was braucht das Kind?" Einiges an Fehlverhalten unserer Kinder müssen wir uns selbst zuschreiben oder können wir durch eine umsichtige Haltung vermeiden. Natürlich steckt in dem Kind der Zwiespalt zwischen Liebe und Ego, aber trotzdem dürfen wir nicht hinter jedem Verhalten, das uns stört, die „böse Natur" vermuten, die ausgetrieben werden muß.

Wir möchten jetzt aus unserer Erfahrung einige Punkte nennen, die uns vor Augen stehen, wenn unsere Kinder sich nicht so verhalten, wie wir es erwartet haben.

Ist das Kind emotional ausgeglichen?

Unser Verhalten wird zu einem großen Teil durch unser emotionales Gleichgewicht gesteuert. Fühlen wir uns geborgen und geliebt, fällt es uns viel leichter, erwartetes Verhalten zu zeigen. Fühlen wir uns dagegen vernachlässigt und sind unglücklich, wird auch dies seinen Einfluß auf unsere Äußerungsformen haben.

Dr. Campbell prägt in diesem Zusammenhang den Begriff des „emotionalen Tankes" (7/S.30). Nur wenn dieser emotionale Tank aus der Geborgenheit der familiären Atmosphäre randvoll gefüllt ist, wird das Zusammenleben reibungslos verlaufen können.

Die Wichtigkeit des kindlichen, emotionalen Gleichgewichtes haben wir immer am einschneidensten erfahren, wenn wir ein neues Pflegekind aufgenommen hatten. Es war für alle immer eine aufregende Sache, wenn so ein verstörtes Geschöpf in den Familienverband hineinkam. Bei einigen war es zunächst so, daß sie sich an nichts hielten. Sie taten, was ihnen einfiel, und scherten sich kaum darum, was wir dazu sagten. Bis dahin kannten sie auch kaum jemanden im Leben, der sie wirklich liebte und dem sie persönlich durch solches Verhalten wehgetan hätten. Unsere Beobachtungen waren dann immer gleich: wenn der emotionale Funke übergesprungen war, wenn das Kind Wertschätzung annahm und sich geliebt fühlte, zeigte es auch recht bald ein angepaßteres Verhalten.

Die Atmosphäre des familiären Zusammenlebens, das Geben und Nehmen von emotionaler Zuwendung, so wie wir es am Anfang des Buches beschrieben haben, hat Einfluß auf das Verhalten Ihres Kindes und kann mit eine Ursache für unangemessenes Verhalten sein.

Ist es in den letzten Tagen aufgrund von Besuchen oder Arbeitsüberlastung in Ihrer Familie zu hektisch zugegangen? Gibt es Mißstimmungen zwischen den Ehepartnern? Sind Sie nervöser als normal? Dann wird dies nicht ohne Einfluß auf Ihr Kind sein! Einerseits reagieren Sie schärfer als sonst, und andererseits lebt Ihr Kind in diesem Unbehagen.

Wir sollten auch nicht vergessen, daß genauso wie wir Erwachsene emotionalen Schwankungen unterworfen sind, auch unsere Kinder darunter leiden können. Gibt Ihnen vielleicht deshalb Ihre Tochter so muffelige Antworten am Mittagstisch, weil sie in der Schule fürchterlich geärgert und irritiert wurde?

Bei unserer Reaktion auf das unangemessene Verhalten unserer Kinder haben wir diese Faktoren zu berücksichtigen. Das heißt nicht, daß wir über ungebührliches Verhalten einfach hinweggehen sollen. Wir müssen zu diesem Verhalten Stellung nehmen, und sei es dadurch, daß wir in Ruhe darüber sprechen und verständnisvoll darauf hinweisen, daß wir uns auch trotz schlechter Laune nicht so gehen lassen können. Aber wie gesagt, hier kann eine Botschaft an uns Eltern vorliegen, mehr auf die Füllung des „emotionalen Tankes" zu achten.

Mit der Betonung der elterlichen Zuwendung und Liebe können wir aber nicht alle Ursachen für unangemessenes Verhalten abdecken. Das ist eine Wunschvorstellung, die der Art des menschlichen Wesens nicht gerecht wird. Wir sollten aber alles tun, um ein emotionales Gleichgewicht zu schaffen, das es dem Kind leichter macht, sich in die Familie einzufügen.

Liegen körperliche Ursachen vor?

Genauso wie wir Erwachsene nicht voll leistungsfähig sind, wenn wir zu wenig Schlaf gehabt haben, müssen wir auch dies bei unseren Kindern berücksichtigen. Wenn Ihr Kind am Montagvormittag knörig und streitsüchtig durch die Wohnung schleicht, weil Sie es am Wochenende durch die ganze Verwandtschaft geschleppt haben, wobei es viel zu wenig Spielmöglichkeiten und Schlaf hatte, ist es letztlich Ihre Schuld, daß es sich jetzt so unmöglich benimmt. Sie haben die Aufgabe, für gesunden, spielerischen Ausgleich und geregelten Schlaf zu sorgen. Wenn Sie dies vernachlässigen, dann können Sie sich die Folgen schon vorher ausmalen. In dieser Situation ein Kind besonders hart anzufassen, würde ihm nicht gerecht werden. Lassen Sie sich lieber etwas einfallen, wie Sie das Kind ablenken oder beschäftigen können, und wie Sie Konfrontationen vermeiden können.

Manchmal bahnen sich Krankheiten schon Tage vorher an, ohne daß man äußere Anzeichen sieht. Wenn nun Ihr Kind lustlos über dem Essen sitzt oder stundenlang über den Schularbeiten brütet und auch sonst zu nichts zu bewegen ist, sind Vorhaltungen oder Strenge falsch am Platz. Sie sollten es vielmehr bemuttern und ihm eine Ruhepause gönnen. Unser wachsamer und liebevoller Blick für unsere Kinder wird uns helfen, Ursachen herauszuspüren, um dann auch angemessen zu handeln.

Hat es die Regel richtig verstanden?

Wenn ein Kind die Familienregel übertritt, bewegt uns immer die Frage, ob wir uns richtig ausgedrückt haben. Hat das Kind es nicht richtig verstanden oder liegt ein Mangel an Einsicht in die Situation vor?

Haben wir uns nicht die Mühe gemacht, unsere Kinder in die Familienregeln richtig einzuführen, dann brauchen wir uns nicht zu wundern, wenn sie sie nicht verstanden haben und dann auch übertreten. Wenn darüber hinaus auch noch ein ganzer Schilderwald von Regeln eingeführt wurde, wird dies zusätzlich Anlaß zu Spannungen geben. Der richtige Umgang mit Familienregeln ist wichtig; eine übertriebene Anwendung führt nur zu Fehlverhalten.

Oftmals gehen unsere Anweisungen bei den Kindern in das eine Ohr hinein und gleich wieder zum anderen hinaus. In einzelnen, wichtig erscheinenden Situationen nehmen wir uns die Kleinen besonders vor, schauen sie an und erklären ihnen die Regel. Dann bitten wir sie, die Regel noch einmal zu wiederholen, um sicher zu gehen, daß sie verstanden wurde. Wenn nun diese Regel einfach übergangen wird, dann wissen wir wenigstens, daß sie vorher richtig verstanden wurde.

Ist das Kind überfordert?

Die nächste Frage, die Sie berücksichtigen sollten, ist die, ob Sie Ihr Kind mit Ihren Erwartungen nicht überfordert haben und daraus das Fehlverhalten des Kindes resultiert. Stellen Sie vielleicht zu hohe Anforderungen und nehmen es zu genau? Oder sind Sie zu inkonsequent in der Überwachung Ihrer Regeln, und fordern Sie damit Ihr Kind indirekt heraus, zu probieren, ob die Regeln immer noch gelten?

Wir erzählen uns gerne eine lustige Situation als Beispiel für unsere zu hohe Erwartung. Ich schickte einmal unseren damals vierjährigen Jungen mit der Bitte zum

Bäcker, fünfzehn Brötchen zu holen. Als er zurückkam, hatte er beide Arme voll und brachte statt fünfzehn fünfzig Brötchen nach Hause. Eine typische Situation für die falsche Einschätzung des Vermögens dieses Vierjährigen. Zu schimpfen oder zurechtzuweisen wäre absurd gewesen. Für uns am Familientisch war es ein Anlaß, herzhaft zu lachen, und auch unser Kleiner verstand es, diese Schlappe humorvoll zu nehmen. In dieser Situation aber hieß die Botschaft an mich als Erzieher: Entweder hätte ich ihm einen Zettel mit der Anzahl der Brötchen mitgeben oder ihn bitten sollen, die Zahl fünfzehn ganz deutlich nachzusprechen und mit den Händen zu zeigen.

Liegt eine aufrichtige Reue vor?

Stellen wir ein Kind zur Rede wegen seines falschen Verhaltens, müssen wir unbedingt seine persönliche Haltung zu diesem Vorfall heraushören und berücksichtigen.

Strafe sollte immer leichter ausfallen, wenn ein Kind von selbst kommt und nicht lügt. Diese Haltung der Aufrichtigkeit fällt immer schwer und sollte von uns besonders honoriert werden. Es sollte dem Kind klar sein, daß wir alle im Leben Fehler machen, aber daß es viel wichtiger ist, wie wir uns hinterher dazu stellen: ob wir uns herausreden, lügen oder bereit sind, uns zu entschuldigen und die Fehler wiedergutzumachen. Dies ist ein wichtiges Erziehungsziel und kann um so leichter erreicht werden, je tiefer der emotionale Zusammenhalt in der Familie ist und je mehr wir Eltern zu unseren Fehlern stehen. Wenn auch Sie bereit sind, sich zu Ihren Fehlern zu stellen und gegebenenfalls mit den Kindern darüber zu sprechen, schaffen Sie eine wesentliche Voraussetzung dafür, daß auch Ihre Kinder von sich aus zu Ihnen kommen und falsches Verhalten in Ordnung bringen.

Hier muß bei uns Verständnis und Vergebungsbereitschaft vorliegen, andererseits aber auch eine sachliche Haltung dem angerichteten Schaden gegenüber. Es ist für das Kind nicht hilfreich, wenn es erfährt, daß mit einem schnell ausgesprochenen „Entschuldigung, ich will es nie wieder tun" die gesamte Situation bereinigt ist. Wenn etwas weggenommen worden ist oder kaputtgemacht wurde, sollten wir nach der Vergebung gemeinsam beratschlagen, wie der Schaden zu beheben ist. Auf jeden Fall sollte in solchen Situationen das Kind einen angemessenen Teil der Wiedergutmachung tragen. Dadurch wird ihm gezeigt, daß wir trotz Vergebung die Situation ernst nehmen.

Ein zu hartes Verhalten einem reuigen Kind gegenüber kann, wenn es häufig geschieht, zu Enttäuschungen und seelischen Schäden führen. Wir brauchen die richtige Sensibilität für die Herzenshaltung unserer Kinder.

Als Eltern ertappen wir uns immer wieder, daß wir nicht bereit oder auch nicht in der Lage sind, uns in die Empfindungen unseres Kindes einzufühlen, und dann zu hart reagieren.

Unsere siebenjährige Tochter hatte sich angewöhnt, nach der Schule auf dem Heimweg fürchterlich zu bummeln. Manchmal kam sie erst eine halbe Stunde später als normal. Wir haben unsere Kinder immer angehalten, gleich nach der Schule nach Hause zu gehen, einfach um den Überblick zu behalten, besonders weil der Schulweg nicht ganz ungefährlich ist. Wenn genügend Zeit ist, können sie ja, nachdem sie die Schultasche abgestellt haben, wieder losziehen. So machten wir es auch unserem Mädchen klar, bevor es morgens zur Schule ging.

Mittags saßen wir schon beim Mittagessen, und sie war immer noch nicht erschienen. In mir gärte es: Schließlich hatte ich es ihr am Morgen erst gesagt, und nun dachte sie nicht daran, diese Regel einzuhalten! Je mehr Zeit verstrich, desto ungehaltener wurde ich. Dann erschien sie schließlich mit hochrotem Kopf. Ich war innerlich so aufgebracht, daß ich sie beinahe, ohne sie erst anzuhören, ohne Mittagessen auf ihr Zimmer geschickt hätte. Glücklicherweise ließ ich sie ausreden. Schon sprudelte es heraus: „Entschuldigung, Papa, aber ich hatte meine Mütze in der Schule vergessen und mußte noch einmal zurücklaufen." Ich war froh, daß ich meinen Gefühlswallungen nicht freien Lauf gelassen und sie nicht ohne Erklärung auf ihr Zimmer geschickt hatte. Wie wäre ihr zumute gewesen, wenn ich ihr das Wort abgeschnitten und sie, aufgebracht wie ich war, einfach bestraft hätte.

Es wird uns immer wieder passieren, daß wir Situationen falsch einordnen und Fehler in der Erziehung machen. Keiner von uns ist perfekt, und es sollte uns dann nicht übermäßig beunruhigen, etwa indem wir denken: „Jetzt hat mein Kind eine Neurose bekommen, die es sein ganzes Leben plagen wird."

Wenn wir unsere Kinder aufrichtig lieben und bereit sind, auch unsere Fehler vor ihnen einzugestehen, und ihnen emotionale Geborgenheit geben, dann brauchen wir nicht zu befürchten, daß solche punktuellen Erfahrungen, so traurig sie auch sind, einen bleibenden Schaden für das Kind bewirken.

Natürlich wollen wir damit nicht unsere Fehler rechtfertigen. Andererseits ist die Sorge mancher Eltern, daß ihr unangemessenes, erzieherisches Eingreifen dem Kind bleibenden Schaden zufügt, unberechtigt.

Welche Konsequenzen sind richtig für das Kind?

Auch Sie werden in dem Umgang mit Ihren Kindern bald merken, daß Kinder recht unterschiedlich auf neue Regeln reagieren. Es gibt Kinder, die sich sehr leicht einfügen, aber dann auch Kinder, die dazu neigen, immer wieder in Schwierigkeiten zu geraten.

Mit unserem bunt zusammengewürfelten Haufen von elf Kindern haben wir die Möglichkeit zu einer sehr interessanten Lebensstudie. Bei einigen Kindern reicht es aus, die Regeln zu nennen und die Konsequenzen durchzusprechen. Mit wenigen Abstrichen halten sie sich daran, ohne daß es zu großen Problemen kommt. Dann sind aber auch solche dabei, die schon vom Kleinkindalter an konstant gegen gewisse Regeln verstoßen und beinahe unermüdlich testen, wer der Stärkere sein wird.

Wir müssen davon ausgehen, daß Kinder mit unterschiedlichen Persönlichkeitsmerkmalen geboren werden. Die einen haben eine größere Motorik, die anderen sind ruhiger, anpassungsfähiger. Das eine Kind hat ein mehr fröhliches, freundliches Wesen, und das andere ist öfters nörgelnd und unfreundlich.

Natürlich spielt nun der erzieherische Einfluß der Eltern eine wichtige Rolle. Ein von sich aus zum Nörgeln neigendes Kind wird diese Verhaltensweise bei fröhlichen, freundlichen Eltern eher zu kompensieren lernen als bei ebenfalls mürrischen und unfreundlichen Eltern.

Unsere Kinder bringen also individuelle Grundeigenschaften ihrer Persönlichkeit mit, die sie unterschiedlich auf Erziehungsmaßnahmen reagieren lassen, und mit denen wir zu rechnen haben.

Nehmen Sie Ihr Kind so an, wie es ist, und messen Sie es nicht laufend an Geschwistern oder an den Kindern Ihrer Freunde. Trotz aller pädagogischer Geschicklichkeit wird es immer leichter und schwerer erziehbare Kinder geben. Dies kann uns beruhigen und uns helfen, ein schwierigeres Kind anzunehmen und zu lieben.

Regeln noch einmal erklären

Häufig ergeben sich Schwierigkeiten bei der Einübung von Familienregeln. Unser Kind hört, was von ihm erwartet wird, hält sich aber nicht daran. Wir haben die möglichen Ursachen des Ungehorsams bereits beschrieben. Wenn es die Regeln nicht richtig verstanden hat oder es ein erstes Übertreten aus Versehen ist, sollten wir es dabei belassen, die Regeln noch einmal zu erklären und unserem Kind eine neue Chance zu geben, sich richtig zu verhalten.

Besteht eine aufrichtige Haltung der gegenseitigen Annahme in der Familie und fühlt sich ein Kind wirklich sicher und geborgen, so wird ein Gespräch in den meisten Situationen ausreichen. Aber, wie gesagt, nicht bei allen Kindern!

Unser größter Feind sind unsere unkontrollierten Gefühle, die sich darin äußern, daß wir unsere Kinder nicht ausreden lassen, sie sogar beschimpfen und anschreien. Solches „Sich-Gehenlassen" der Erwachsenen unterminiert nur die Disziplin und führt schließlich zu Respektlosigkeit vor den Eltern.

Auch hier sind wir als Eltern unterschiedlich: dem einen macht dies größere Probleme als dem anderen. Aber die unkontrollierten Gefühlsausbrüche müssen wir ablegen. So erwartet es die Bibel von uns: „Nun aber leget das alles ab, Zorn, Grimm, Bosheit, Lästerung, häßliche Redensarten aus eurem Munde" (Kolosser 3,8).

Das heißt nun nicht, daß wir ganz kühl, mit lächelndem Gesicht, unsere Strafmaßnahmen durchführen. Dies ist unecht und nicht weniger gefährlich. Unsere Kinder dürfen schon mitbekommen, daß wir sehr ärgerlich sind, und es darf auch in unserer Stimme mitschwingen. Aber Sie kennen bei sich sicherlich auch den Unterschied zwischen Ärger und unkontrollierten Äußerungen. Diesen Unterschied haben wir zu lernen!

Für manch einen wird es eine Hilfe sein, wenn er sich vornimmt, bei Auseinandersetzungen sein Kind erst einmal aussprechen zu lassen. Dadurch kann sich einiges an falschen Vorstellungen klären, und wir werden ruhig. Wenn wir Regeln mit vorher festgelegten Konsequenzen haben, wird auch dies uns helfen, der Situation angemessen zu handeln und nicht im Affekt unangemessen zu reagieren.

Natürliche Folgen

Konsequenzen, die in vielen Erziehungsbüchern genannt werden, sind die sogenannten „natürlichen Folgen". Der demokratische Erziehungsstil versucht, fast sein ganzes Konzept darauf aufzubauen. Damit ist gemeint, daß ein

Kind sich selber straft durch die natürlichen Folgen seines falschen Verhaltens, ohne daß die Erzieher reglementierend eingreifen müssen.

Zum Beispiel ermahne ich mein Kind, die große Tüte Süßigkeiten, die es geschenkt bekommen hat, nicht auf einmal aufzuessen. Das Kind hört nicht auf mich und futtert alle Süßigkeiten auf einmal auf. Die natürliche Folge ist, daß es quälende Bauchschmerzen bekommt und aus diesem Negativerlebnis hoffentlich lernt, seine Süßigkeiten demnächst besser einzuteilen.

Oder wenn ein Kind zu faul ist, trotz Absprache seine schmutzige Wäsche zur Waschmaschine zu bringen, soll man es nicht kommandieren, sondern so lange herumlaufen lassen, bis es keine sauberen Sachen mehr hat und von selbst anhand der natürlichen Folgen darauf kommt, seine Wäsche abzugeben.

Der Einsatz natürlicher Folgen hat in der Kindererziehung sehr schnell seine Grenzen. Es handelt sich nur um Lieblingsgedanken gewisser Autoren, die vielfach an der Wirklichkeit vorbeizielen. Sie übersehen, welche Ausdauer und welchen Erfindungsreichtum Kinder haben! Wenn wir nicht eingreifen, können sie Unmengen an Süßigkeiten verdrücken, ohne jemals von den Folgen beeindruckt zu sein, und werden so lange in ihrer schmutzigen Wäsche herumlaufen, bis sie ihnen vom Körper fällt.

Natürlich freuen wir uns als Eltern, wenn unsere Kinder aus solchen Situationen lernen, ohne daß wir etwas sagen müssen. Aber wir können niemals eine gesamte Erziehung darauf aufbauen.

Logische Konsequenzen

Auferlegte Maßnahmen, die unmittelbar mit den begangenen Fehlern in Zusammenhang stehen, sind sehr wertvoll, wenn neue Verhaltensweisen eingeübt werden. Zu den meisten unserer Familienregeln werden wir auch gleichzeitig die logischen Konsequenzen nennen. In gewissen Situationen ist es angebracht, sie mit unseren Kindern zu besprechen. Wir nennen ihnen die immer wieder vorkommende ungute Situation, z.B. daß die Schmutzwäsche trotz Absprache nicht in den Korb neben der Waschmaschine gelegt wird und Mutti unnötige Arbeit hat, indem sie durch die Zimmer laufen muß, um die Wäsche einzusammeln. Dann bitten wir sie, sich selbst Konsequenzen auszudenken für den Fall, daß diese Absprache nicht eingehalten wird. Kinder empfinden dies meist als sehr gerecht und fühlen sich bewußt hineingenommen in diesen Lernprozeß. Denn in der Regel wollen sie Mutti ja gar nicht ärgern, indem sie die Sachen liegenlassen. Es ist ihre Trägheit und Vergeßlichkeit, über die sie im Grunde genommen gern Herr sein wollen.

Bei Maßnahmen, die so getroffen werden, erfährt das Kind, daß das Eintreffen oder Nichteintreffen der Konsequenzen letztlich seine eigene Angelegenheit ist und nichts mit persönlicher Wertschätzung oder Ablehnung zu tun hat. Es ist nicht Vatis „Rache", sondern eine vorher getroffene Absprache, an die sich alle halten wollen. So kann der Frieden und die Harmonie in der Familie aufrechterhalten werden, auch wenn immer mal wieder Konsequenzen „erlitten" werden müssen.

Wenn jemand etwas bewußt kaputt macht oder verschlampt, gilt bei uns die Regel, daß er es auch zum Teil wieder ersetzt. Gibt man in diesem Bereich nicht acht, neigen einige Kinder dazu, alles kaputtzukriegen und zu verlieren. Heute fehlt der Turnbeutel, morgen bleiben die Filzstifte in der Schule liegen, Radiergummis werden kleingepult und Bleistifte durchgebrochen.

Wir sagen unseren Kindern, daß wir gerne für sie sorgen und alle Sachen, die sie brauchen, anschaffen. Aber wenn sie an ihren Bleistiften Karate üben wollen, dann ist es ihr persönliches Vergnügen, und sie müssen sie ersetzen. Bei manchen Dingen, z.B. den Turnsachen, die sehr teuer sind, tragen wir natürlich den größten Teil. Aber immer wird das Kind seinen angemessenen Beitrag dazu leisten müssen.

Es ist für beide Seiten nur logisch, daß ein Kind, das nicht richtig zu Mittag essen will, auch keinen Platz für den Nachtisch im Magen hat, oder wenn die Schulleistungen permanent schlecht sind und die Ursache wirklich Trägheit und Faulheit ist, dieses Kind für einige Zeit etwas eher schlafen gehen muß.

Ein weiteres, leidiges Thema ist das Aufräumen und das Herumliegenlassen von Sachen. Hier stehen viele Mütter in einem täglichen Kleinkampf. Nun, einmal müssen wir uns selbst prüfen, ob wir den Maßstab in bezug auf Ordnung nicht zu hoch ansetzen, andererseits ist ein gewisses Maß an Ordnung notwendig für das weitere Leben.

Die Kinderzimmer werden bei uns alle zwei Tage gründlich durchgesaugt. Meine Frau kündigt es an und bittet darum, auch das, was unter den Betten liegt, wegzuräumen, damit sie mühelos mit dem Staubsauger durchkommen kann. Wenn einige Kinder es nun nicht für nötig halten, ihre Sachen aufzuräumen, dann hält ihre Mutter hinterher die Hand auf und sagt: „Mein Schatz, ich mußte heute morgen für dich Zimmermädchen spielen. Das macht 1,50 DM."

Sachen wie die Badehose im Garten, die nassen Handschuhe auf der Außentreppe und die Puppensachen in der Sandkiste, die trotz Ermahnung nicht hereingebracht wurden, kommen in eine große Kiste in der Küche und können dort eingelöst werden.

Ich kenne Mütter, die mit hochrotem Gesicht und jagendem Puls hinter ihren Kindern herrennen und verzweifelt versuchen, ihnen etwas Ordnung beizubringen. Dabei wird nur zu oft die Stimmung in der Familie sehr zum Negativen aufgeheizt und letztlich doch kaum etwas erreicht. Ist es da nicht besser, sachlich und ruhig die Konsequenzen zu nennen, humorvoll immer wieder daran zu erinnern und die Kinder letztlich die Folgen selber tragen zu lassen? Es ist wirklich nicht die Aufgabe der Eltern, hinter ihren Kindern aufzuräumen. Jeder hat seinen Teil Verantwortung in der Familie. Der eine lernt es schnell, während der andere ein wenig Druck dahinter braucht.

Auferlegte Konsequenzen

Auferlegte Konsequenzen sind weitere Maßnahmen, mit denen wir die Kinder in gewissen Situationen strafen. Wir meinen damit Verzicht auf gewisse Privilegien, die sonst üblich sind, oder zusätzliche Hilfeleistungen und Arbeiten, die dem Kind angemessen sind.

Dazu gehört auch das bewußte Isolieren des Kindes in seinem Zimmer, damit es Zeit zur eigenen Besinnung hat. Besonders bei schwerwiegenden Vertrauensbrüchen wie Lügen und Stehlen oder bei ernsten Streitereien mit den Geschwistern.

Natürlich meinen wir nicht das stumpfe Vorsichhinbrüten in der dunklen Besenkammer. Meist lassen wir das Kind mit Büchern oder Spielsachen für einige Stunden allein in einem Zimmer und fordern es auf, über sein ungebührliches Verhalten nachzudenken. Dieses Alleinsein kann eine heilsame Erfahrung für das Kind sein, denn es hat Zeit, zur Ruhe und mit Gott ins reine zu kommen. Während dieser Isolation nehmen wir uns als Eltern Zeit, uns für einige Minuten zu dem Kind zu setzen und in Ruhe über seine Situation zu sprechen. Meistens finden wir ein offenes Herz und können zu einer Neuorientierung gegenüber uns und dem himmlischen Vater kommen.

Körperliche Züchtigung

Körperliche Züchtigungen gehören mit hinein in den Bereich der „auferlegten Konsequenzen". An diesem Thema gehen die Meinungen wohl am weitesten auseinander, auch unter Christen.

Während viele Erzieher es vollkommen verdammen und körperliche Züchtigung als totales Versagen der Eltern ansehen, spricht die Bibel davon, daß körperliche Züchtigung eine klare Notwendigkeit in der Kindererziehung ist und daß es Fehlentwicklungen geben wird, wenn wir diese Notwendigkeit nicht akzeptieren.

Mit diesen Gedanken müssen wir uns auseinandersetzen. Ich kann mich gut erinnern, daß ich während meines Pädagogikstudiums immer aufgebracht war, wenn das Thema auf „Schläge" kam. Mit Nachdruck vertrat ich dann meinen Standpunkt, niemals meine Kinder schlagen zu wollen, weil Schläge nur ein Zeichen der Schwäche des Erziehers seien. Ich war voller Vorurteile diesem Thema gegenüber und hatte das Bild von Eltern vor mir, die unbeherrscht und ohne Konzept auf ihre Kinder einprügeln, weil sie mit den Nerven am Ende waren und nicht mehr weiter wußten. Der Begriff „christliche Erziehung" war für mich identisch mit „körperlicher Züchtigung" als erste und letzte Maßnahme für alle falschen Verhaltensweisen des Kindes.

Dieses übertriebene und falsche Bild haben viele Eltern, wenn sie an körperliche Züchtigung denken. Von dieser Art seelischer und körperlicher Mißhandlung von Kindern spricht die Bibel an keiner Stelle. Sie nennt körperliche Züchtigung auch nicht als einziges Erziehungsmittel, das für alle Situationen herhalten muß, wie wir ja schon herausgearbeitet haben, sondern gibt ihr einen begrenzten, klar umrissenen Platz neben den verschiedensten Erziehungsmaßnahmen.

Die intensive Beschäftigung mit dem Wesen des Menschen aus humanistischer und biblischer Sicht und das Studium der Umgangsformen Gottes mit uns – aus denen sich sein Erziehungskonzept für unsere Familien ableitet – überzeugte uns, daß körperliche Züchtigungen in die Kindererziehung hineingehören. Letztlich sind sie nicht ein Ausdruck des Versagens und der Mißachtung, sondern der aufrichtigen Liebe und Fürsorge für das Kind. Dieser Satz gilt, solange die Züchtigungen richtig eingesetzt werden.

In Hebräer 12,5-11 wird klar gesagt, daß Schläge ein Ausdruck der Liebe sind und positive Persönlichkeitsveränderungen bewirken werden. Erziehungswissenschaftler meinen dagegen, Schläge seien ein Ausdruck der Mißachtung und würden den Kindern schaden.

An anderen Stellen der Bibel werden diese Gedanken bestätigt. Ein Verzicht auf körperliche Züchtigung kommt einer Vernachlässigung des Kindes gleich, Schläge dagegen, die zur richtigen Zeit angewandt werden, sind ein Ausdruck der Fürsorge. „Wer seine Rute spart, der haßt seinen Sohn; wer ihn aber lieb hat, der züchtigt ihn beizeiten" (Sprüche 13,24).

In Sprüche 23 wird sogar gesagt, daß körperliche Züchtigung geistliche Auswirkungen haben wird, die in die Ewigkeit hinein wirken. Sie können das Kind vor einem sündigen Leben bewahren, das in der ewigen Verdammnis endet. „Erspare dem Knaben die Züchtigung nicht; wenn du ihn mit der Rute schlägst, stirbt er nicht. Indem du ihn mit der Rute schlägst, rettest du seine Seele vor dem Tode" (Sprüche 23,13+14).

Die Bibel gibt der körperlichen Züchtigung also eine enorm hohe Wertigkeit, die zunächst unserem natürlichen Empfinden widerspricht, aber vom Menschenbild der Bibel her letztlich verständlich ist.

Wann sollen wir als Eltern nun zu dieser Maßnahme greifen? Es ist ja nicht die einzige, die uns Gott als Erziehungsmittel genannt hat. Die Bibel spricht von Liebe, Unterweisung, Ermutigung, Vorbild, Lob und Tadel, Augenleitung u.a. Aber auch von körperlicher Züchtigung im Umgang mit unseren Kindern.

Wenn wir noch weitere Bibelstellen (Psalm 89,31-34; Sprüche 10,13; 22,15; 26,3) hinzuziehen, dann lesen wir heraus, daß körperliche Züchtigung übereinstimmend für eine bestimmte erzieherische Situation genannt wird: Auflehnung und Rebellion gegen klar verstandene Regeln!

In den verschiedenen Übersetzungen lesen wir bei diesen Versen Worte wie: Narr, Tor, Unverständiger; Personen, die die Gebote sehr wohl kennen, sich aber wissentlich oder leichtsinnig darüber hinwegsetzen oder dagegen rebellieren. Denken wir an einen Hofnarren früherer Zeiten. Dies war kein dummer Mann, dem ein Fehler nach dem anderen passierte, sondern ein pfiffiges Bürschchen, das genau durchblickte, tat, was es wollte, und die anderen dabei zum Narren hielt, solange sie es sich gefallen ließen.

Auf diese Situationen spielen diese Bibelverse an. Wir kennen sie auch im Familienleben, wenn Kinder versuchen, ihre Eltern zum Narren zu halten. Sie kennen die Regeln, aber aus Leichtsinn oder gezielter Rebellion setzen sie sich darüber hinweg und wollen sehen, wer gewinnt. Bei solch einer Kraftprobe kommt es darauf an, wer Sieger ist. Dr. James Dobson, ein bekannter amerikanischer Kinderpsychologe, schreibt dazu: „Legen Sie die Regeln rechtzeitig im voraus fest; lassen Sie keinen Zweifel über das, was erlaubtes und nicht erlaubtes Benehmen ist; wenn das Kind kaltblütig wählt, diese bekannten Grenzen in einer hochnäsigen Art herauszufordern, dann geben Sie ihm guten Grund, dieses Verhalten zu bedauern; zeigen Sie dabei zu jeder Zeit Liebe und Zuneigung, Güte und Verständnis. Disziplin und Liebe widersprechen sich nicht" ([8/S.17]).

Körperliche Züchtigung darf niemals die erste Reaktion sein und auch nicht der letzte Ausweg, wenn nichts anderes mehr anschlägt. Sie hat ihren klaren Platz im Umgang miteinander und sollte in den Momenten eingesetzt werden, wenn elterliche Autorität mit der Haltung „du kannst mich mal" herausgefordert wird.

Christen schlagen nicht, wenn viele andere schlagen würden, nämlich, wenn ihnen die Nerven durchgehen und ihnen die Hand ausrutscht, weil sie nicht mehr weiter wissen. Es ist wirklich Versagen und ein Armutszeugnis, wenn Prügel herhalten müssen, weil ich am Ende meiner Weisheit bin und mich am Kind abreagiere. Das hat nichts mit biblischen Züchtigungen zu tun!

Wir wissen, wann in unserer Familie körperliche Züchtigung dran ist und wann nicht. Dann, wenn die Kinder trotz klaren Wissens um die Regeln sich darüber hinwegsetzen, sei es aus Rebellion oder berechneter Oberflächlichkeit, etwa in der Art: „Laß mal Mutti reden; das geht vorbei. Ich tue, was ich will!"

In den meisten erzieherischen Situationen ist allerdings etwas anderes als Schläge gefordert: eine erneute Aussprache und ein Klarstellen der Regeln und ihre logischen Konsequenzen, wie wir sie schon besprochen haben.

Körperliche Züchtigung ist niemals angebracht bei Fehlverhalten aus Versehen oder Unvermögen während eines Lernprozesses, z.B. wenn wir Familienregeln einüben oder wenn dem Kind ein Mißgeschick passiert.

Wie verhalten Sie sich, wenn Ihr Kind gewisse Dinge einfach nicht kapiert, Sie zunehmend ungeduldig werden, Ihre kostbare Obstschale aus Versehen zerbrochen und am Frühstückstisch der Becher mit Milch umgegossen wird? Das sind genau die Situationen, in denen die Nerven durchgehen, die Hand locker sitzt und dem Kind im Affekt welche hinter die Ohren gegeben wird.

Wir müssen lernen, uns bei diesen Vorfällen zu beherrschen. Dafür dürfen wir andere Verhaltensweisen keinesfalls durchgehen lassen, nämlich wenn unser Kind testen will, wer wohl den längeren Atem hat.

Ihren Ärger brauchen Sie nicht zu unterdrücken, aber schlagen Sie nie im Affekt oder aus Zorn und Bitterkeit, denn dies wird nicht die positive Wirkung haben, von der die Bibel spricht: „Denn des Menschen Zorn wirkt nicht Gottes Gerechtigkeit" (Jakobus 1,20). Durch solche Unbeherrschtheit unterminieren Sie lediglich Ihre Autorität und verängstigen das Kind.

Machen Sie es sich zur Regel, Ihr Kind nicht ins Gesicht zu schlagen – einmal, weil Sie das Kind verletzten könnten und solche Schläge meist nur die Äußerung einer unbeherrschten Affekthandlung sind –, sondern nehmen Sie das dafür vorgesehene Körperteil, das Gesäß.

Schlagen Sie so kräftig, daß die „Botschaft" ankommt. Vergessen Sie dabei aber nicht, daß Kinder unterschiedlich sensibel sind. Was für den einen richtig ist, mag für den anderen schon zuviel sein.

Denken Sie daran: Strafe ist nicht etwas, was Sie dem Kind antun, sondern für das Kind tun. Viele Eltern haben hier verständlicherweise eine innere Barriere. Wenn Sie Ihr Kind in der angemessenen Situation mit der richtigen Haltung schlagen, tun Sie genau das Richtige für die gesunde Persönlichkeitsentwicklung des Kindes. Ihre Haltung sollte diese sein: „Ich liebe dich zu sehr, als daß ich dich so benehmen lassen kann" ([8/S.18]).

Bemühen Sie sich auch, dem Kind die Absicht der Schläge zu verdeutlichen, nämlich, daß die Bestrafung sich nicht gegen seine Person richtet, sondern ihm helfen und es erinnern soll, die Regeln einzuhalten.

Nach der Züchtigung ist vielfach die beste Zeit für ein konstruktives Gespräch und ein Gebet. Jetzt können Sie die Regeln noch einmal durchsprechen und gemeinsam einen neuen Anfang machen. Das Kind sollte angeleitet werden, sich bei den Eltern bzw. den betreffenden Personen und bei Gott zu entschuldigen, und wenn etwas gut zu machen ist, dies tun. Dann soll ihm eine neue Chance gegeben werden, ohne daß wir der Situation weiter nachgrollen oder dem Kind Vorwürfe machen. Achten Sie die Würde des Kindes, indem Sie es nicht in der Gegenwart anderer Personen strafen, sondern sich in ein anderes Zimmer zurückziehen.

Wenn wir körperliche Züchtigung so richtig verstehen und sie einen angemessenen Platz in unserer Erziehung einnimmt, dann wird sie für das Kind heilsam sein und ihm helfen, eine ausgeglichene, verantwortungsbewußte Persönlichkeit zu werden.

Sie werden feststellen, daß es in einer herzlichen Familienatmosphäre mit klaren Regeln recht selten vorkommen wird, daß Sie zu dieser Maßnahme greifen müssen. Ihr Kind wird sich frei und geborgen innerhalb dieser Regeln bewegen und entwickeln. Will es hin und wieder ausprobieren, ob Sie noch zu den erklärten Regeln stehen, dann beweisen Sie es ihm unmißverständlich mit Liebe und Verständnis.

Wir sollten niemals vergessen, daß die Kinder meist die Regeln kennen und dann doch übertreten. Sie stehen nun einmal in dem schmerzlichen Zwiespalt zwischen Liebe und Ego. Sie leiden darunter und sind letztlich nur dankbar, wenn Sie liebevoll, aber bestimmt in die Schranken gewiesen werden.

Achtung vor den Eltern

Ein wichtiger Aspekt in der christlichen Kindererziehung ist der, daß die Kinder lernen, ihren Eltern angemessen Achtung und Respekt zu zollen. Natürlich müssen wir ihnen zuallererst so begegnen, daß es ihnen nicht schwerfällt, unsere liebevolle und zuvorkommende Art zu erwidern. Respekt vor den Eltern heißt nicht, daß unsere Kinder auf Befehl nach unsrer Pfeife tanzen, sondern es ist eine zweispurige Angelegenheit. Wenn Sie mit Ihrem Kind nicht freundlich, beherrscht und zuvorkommend reden, können Sie es letztlich auch nicht von ihm erwarten. Ein guter Vorsatz ist dieser: Sprechen Sie immer so mit Ihrem Kind, wie Sie es von Ihrem Kind Ihnen gegenüber auch erwarten!

Selbst wenn Sie sich um diese zuvorkommende Umgangsform bemühen, werden Sie es erleben, daß Ihr Kind Ihnen patzig und frech antwortet, Ihnen eventuell Schimpfwörter an den Kopf wirft oder versucht, Sie herumzukommandieren.

Das braucht uns letztlich nicht zu erschrecken. So bekommen Ihre Kinder es ja jeden Tag auf der Straße und im Fernsehen mit. Wir müssen hier nur liebevoll und bestimmt den Riegel vorschieben.

Nicht umsonst legt die Bibel sehr großen Wert auf das Gebot, Vater und Mutter zu ehren. Aus der kindlichen Beziehung zu den Eltern lernt der kleine Erdenbürger für alle Beziehungen zu anderen Menschen, Obrigkeiten und

Gott. Wenn er keine Achtung und keinen Respekt vor den Eltern hat, wird es ihm schwerfallen, auch andere Personen zu respektieren. Aus diesen Zusammenhängen können wir die Probleme vieler Jugendlicher Autoritäten gegenüber ableiten.

Geben Sie Ihrem Kind allen Anlaß, Sie lieben und schätzen zu können, und achten Sie dann darauf, daß eine respektvolle Haltung und Ausdrucksweise in Ihrer Familie vorherrscht, sowohl von der Seite der Kinder wie auch von Ihrer Seite.

Es ist erschreckend, wie manchmal schon kleine Kinder ihre Eltern mit Unmutsäußerungen traktieren und sie herumkommandieren. Sie schreien ihre Eltern an: „Laßt mich in Ruhe. Ich will nicht!", schlagen mit ihren kleinen Fäusten nach ihnen oder kommandieren sie durch die Wohnung: „Mama, ich will meine Bauklötze! – Wo bleibt die Milch?" Und Mama, weil sie einmal gehört hat, daß man „Aggressionen ausleben muß", oder weil sie keinen weiteren Wutanfall ihres kleinen Tyrannen riskieren will, läßt alles über sich ergehen in der Hoffnung, daß er sich vielleicht ändert.

Wenn Sie es Ihrem Vierjährigen nicht unmißverständlich klargemacht haben, welch ein Umgangston in Ihrer Familie der richtige ist, dann können Sie sich seelisch schon auf das Teenageralter vorbereiten!

Diese Herausforderung der elterlichen Autorität nennt die Bibel Rebellion und sagt klar, wie wir als Eltern darauf reagieren sollen. Kommt es vor, dann kündigen Sie Ihrem Kind an, wie Sie beim nächsten Mal reagieren werden, und stehen Sie zu Ihrem Wort, wenn es Ihr „Versprechen" testen möchte. Sie werden sehen, daß Ihre Kinder mit einem freundlichen und höflichen Wesen aufwachsen werden.

Unter diesem respektlosen Ton haben meistens Mütter mehr zu leiden als Väter, denn bei ihnen meinen die Kinder, sich manchmal einen anderen Ton leisten zu können. Dann sind die Väter aufgefordert, sich vor ihre Frauen stellen und ihrem Sprößling deutlich zu machen, daß die Beleidigung der Mutter gleichzeitig die Beleidigung des Vaters bedeutet.

Ich erinnere mich, wie ich einmal nach einer sehr unschönen Unmutsäußerung meines Jungen meiner Frau gegenüber zu ihm in sein Zimmer ging und ihn zur Rede stellte: „Sag mal, hast du mich jemals so zu Mutti reden gehört, wie ich es eben von dir in der Küche vernommen habe?" Ein verdutztes Kopfschütteln. „Und dann erlaubst du kleiner Knopf dir, meine Frau, die ich so sehr liebe und für die ich alles tue, so zu beschimpfen? Tue es nicht noch einmal, sonst bekommst du es mit mir zu tun!" Ich lächelte zwar dabei; trotzdem kam die Botschaft an, und es half ihm, den Ernst der Lage richtig einzuordnen und sein Mundwerk zu zähmen.

Natürlich sollen Sie Ihrem Kind immer die Gelegenheit geben und ermutigen, sich auszusprechen, auch gerade über das, was ihm an seinen Eltern nicht gefällt. Aber Kinder – wie auch manche Erwachsene – müssen lernen, es in einem angemessenen Ton zu tun, und müssen gebremst werden, wenn sie ausfallend werden.

Das betrifft auch das Schreien nach Zurechtweisungen oder Strafen. Wir müssen lernen herauszuhören, ob es nur die aufgewühlten Gefühle des Kindes sind; dann sollten wir es gewähren lassen und Verständnis zeigen.

Wenn allerdings das Geschrei nach einigen Minuten sirenenartig anschwillt und nicht aufhören will und als Waffe gegen uns gerichtet wird, sollten wir das Kind dorthin schicken, wo es kein Publikum hat. Gleichzeitig können wir ankündigen, daß es noch etwas hinten drauf gibt, wenn es nicht bald aufhört.

Wir sprechen hier nicht von einer Unterdrückung von Gefühlen, sondern möchten unsere Kinder anleiten, ihre Gefühle zu steuern und im Griff zu behalten. Unbeherrschtes Ausleben von Gefühlen ist genauso ein krankhaftes Extrem wie krampfhaftes Unterdrücken von Gefühlen.

Disziplin bei Krabbel- und Kleinkindern

Die Erziehung unserer Krabbel- und Kleinkinder ist wichtig und wegweisend für ihr Teenageralter. Schließlich ist das Verhalten des Teenagers das Ergebnis aller Einflüsse und Bemühungen seit der frühesten Kindheit.

Im Krabbelalter entstehen die ersten Konfrontationen. Hier werden die Weichen für das weitere Miteinander gestellt. Schon zu diesem Zeitpunkt stellt sich heraus, wer der Gewinner sein wird und wie die spätere Haltung des Kindes gegenüber Autoritäten sein wird.

Andererseits ist es für eine junge Familie wohl die schwierigste Zeit. Vielleicht ist es das erste Kind, es liegen noch keine Erfahrungen vor, die Maßstäbe müssen erst gefunden werden.

Die einen vergöttern ihren kleinen Liebling und bringen es nicht fertig, hart einzugreifen. Er ist ja so süß mit allem, was er anstellt, und sie merken gar nicht, wie sich aus dem süßen Püppchen langsam ein Haustyrann entwickelt.

Die anderen haben vielleicht Erziehungsseminare besucht, wollen es ganz richtig machen und versuchen ihren Zweijährigen zu dressieren wie ein Haustier. Wenn sie Glück haben, wird er sich dagegen aufbäumen und immer Anlaß zu Aufregung und „Kleinkämpfen" geben. Trauriger ist es, wenn er sich willenlos in dieses Dressurprogramm hineinnehmen läßt und ein bedrückendes „Anpasserkind" wird.

Wir haben in den letzten zehn Jahren immer ein oder zwei Krabbelkinder um uns herum gehabt. Wuchsen die einen heran, waren die nächsten Windelkinder schon wieder da. Für uns war es immer mehr Freude als Aufregung und Arbeit, mit ihnen zusammenzusein. Allerdings lernten wir auch einige Prinzipien.

Für unsere Kleinen brauchen wir eine geduldige Hand und einen „langen Atem" und sollten nur in den wirklich notwendigen Situationen eingreifen. Bleiben wir bei allen ihren Aktivitäten ruhig und gelassen, ohne gleich aufzuspringen, hinter ihnen herzulaufen, laufend „nein, nein" zu rufen, und greifen wir nur dann ein, wenn es wirklich gefährlich wird, dann werden unsere kleinen „Welteroberer" auch von sich aus gelassener sein. Manche Mütter merken gar nicht, was für ein schönes Spiel es ist, Mutti mit den unmöglichsten Einfällen zu provozieren und sich dann kreischend einfangen zu lassen. Einige Male ist das auch für Eltern ganz lustig, aber nicht den ganzen Tag.

Schaffen Sie für Ihr Krabbelkind ein Umfeld, in dem Sie nicht immer hinter ihm her sein müssen. In den ersten Jahren hatten wir unser Wohnzimmer in eine Spiellandschaft umgestaltet und ein kleines Zimmer, das für die Kinder tabu war, als Wohnzimmer eingerichtet.

Damit entschärften wir von vornherein viele provozierende Situationen. Es gab keine Schubladen auszukippen, keine Deckchen herunterzuziehen, keine Polster zu bemalen und keine Vasen zu zerbrechen. Interessanterweise hielt sich der meiste Besuch viel lieber auf den Schaumstoffwürfeln im Spielzimmer auf, als im Wohnzimmer. Der Zugang zum Kochbereich in der Küche war durch ein kleines Gitter abgesperrt, so daß unsere Krabbelkinder zwar alles sehen, sich aber nicht gefährden konnten. Auf diese Weise reduzierten wir die Verbote für unsere Kleinkinder auf die wirklich notwendigen.

Gerade Kleinkinder haben den natürlichen Drang, die Welt zu erobern. Wenn sie bei ihren Entdeckungsreisen auf zu viele „Neins" stoßen, bewirkt es bei den einen, daß sie sich in sich selbst zurückziehen und eventuell antriebsschwach werden, während die anderen um so aggressiver werden.

Lassen Sie Ihrem Kleinen die größtmögliche Freiheit, auch indem Sie ihm nicht ständig vorschlagen, was er nun tun könnte. Manche Eltern schieben ihren Kleinkindern laufend Spielsachen zu, dabei sollten sie ihre Welt allein mit nur gelegentlichen Anregungen durch uns erobern.

Beschränken Sie Ihre Verbote auf die wirklich notwendigen Situationen: wenn das Kind versucht, sich auf der Straße von ihrer Hand loszureißen; wenn es im Essen herummanscht oder es ausspuckt; wenn es ans Telefon geht oder seinen Geschwistern die Haare ausreißt.

Haben Sie nun in einer dieser Situationen „nein" gesagt, dann gewinnen Sie diesen Kampf! Es ist nicht gut für das kleine Gehirn, jetzt zu speichern, daß es trotzdem durchkommen kann! In diesen frühkindlichen Erfahrungen der Grenzsetzung werden die Grundlagen gelegt für späteres Verhalten gegenüber Autoritäten.

Ihre Maßnahme wird in den seltensten Fällen ein Klaps sein. Für dieses Alter haben wir genug andere Möglichkeiten. Unsere beste Waffe ist die Ablenkung auf andere Dinge. Eine Dose, auf die wir mit dem Bauklotz trommeln, ist plötzlich viel reizvoller als die Tischdecke, an der gezogen wurde.

Bis zu dem Alter von drei bis vier Jahren sollten unseren Kleinen noch Ausnahmeregelungen gestattet sein und zwar dadurch, daß die Regeln auf das Notwendigste beschränkt werden. Aber achten Sie darauf, daß eine gezogene Grenze auch klar beim Kind ankommt und eingehalten wird.

Als unsere Kleinste eineinhalb Jahre alt war und sich an allem, was greifbar war, hochzog und entlangging, entdeckte sie das Telefon, das in Reichweite ihrer kleinen Hände war. Sie hatte schon oft gesehen, wie wir telefonierten, den Hörer in der Hand hielten, redeten, gestikulierten, lachten, und sie war sichtlich interessiert, es auch auszuprobieren. Ich saß einige Meter entfernt im Schaukelstuhl und wußte: dies muß eins der nächsten Tabus werden!

Es ist interessant, wie Kleinkinder sich zunächst immer wieder orientieren, ob ihr Verhalten erwünscht ist oder nicht, und unsere Reaktion erfahren wollen. In diesem Alter sind sie dabei, ihr Verhaltensmuster zu entwickeln, und damit auf unsere Reaktion angewiesen. Diesem müssen wir in der Kleinkindererziehung mehr Rechnung tragen. Begleiten Sie die Eroberungszüge Ihrer Kleinen mit mehr positiven Kommentaren, mit Lachen, einem erfreuten Gesicht oder auch mit einem Stirnrunzeln, dem erhobenen Zeigefinger und einem klaren „Nein"!

Wenn Sie Ihr Kind bei einem unerwünschten Verhalten ermutigend anlachen, wird es dies als Signal für „richtig" verstehen und ganz schön erstaunt sein, wenn es das nächste Mal für das gleiche Verhalten einen Klaps bekommt.

Für die ganze Familie ist es sicher lustig, wenn die Kleine beim Trinken prustet und gurgelt und dabei herausfordernd über den Rand des Bechers in die Runde schaut. Jetzt zu lachen und sich zu amüsieren, wäre falsch am Platz, auch wenn die Beherrschung sicher viel Mühe macht. Hier gehört ein Kopfschütteln und ein „Nein" hin, um das angemessene Tischverhalten zu prägen. Es gibt genug andere Situationen, bei denen man herzhaft lachen kann.

Nun zurück zu der Szene am Telefon. Meine Kleine schaute zu mir herüber, ob ich sie beobachtete. Jetzt, wo sie merkte, daß ich es mitbekam, mußte ich reagieren, um ihr zu zeigen, was richtig war. Sie schaute mich mit großen Augen an, trällerte ihr „Ja, ja", wobei ihr ganzer Körper mitschwang, und, so süß es auch war, ich schüttelte meinen Kopf, zog die Stirn kraus und sagte „nein". Sie zog die schon ausgestreckte Hand zurück und tapste weiter.

Ich las, bekam aber mit, daß sie immer zurückschaute und wieder zum Telefon marschierte. Allein ihr Blick zeigte, wie sehr Einjährige schon richtiges bzw. falsches Verhalten verstehen und dann doch die Ernsthaftigkeit der Regel prüfen wollen.

Sie kam zum Telefon, hörte mein „Nein" und zog sich wieder zurück. Bei ihrem dritten Vormarsch stand ich auf, nahm sie so fest in den Arm, daß sie merkte, daß dies keine Liebkosung mehr war, und brachte sie mit einer ernsten Ermahnung in eine andere Zimmerecke. Den Wortlaut meiner Worte verstand sie sicher nicht, aber um so besser den Tonfall.

Bald darauf war ein Spielzeugtelefon da, in das sie mindestens genauso andauernd und begeistert redete, wie ich an meinem Apparat. Hätte ich es schon eher gehabt, wäre uns die dritte Szene sicherlich erspart geblieben.

Sehr viele Klapse, Zurechtweisungen und Aufregungen könnten uns erspart bleiben, wenn wir die Bedürfnisse unserer Kleinsten nur richtig verstünden. Sie wollen zunächst gar nicht böse sein, sondern nur die Welt entdecken. Lassen Sie sie ziehen, und beschränken Sie die Tabus auf das notwendigste. Wenn dann die Konfrontation kommt, lassen Sie Ihrem Kind durch Ihre Konsequenz schon den Ernst des Lebens spüren, in den es dann mit drei bis vier Jahren hineingenommen wird.

Von diesem Alter an wird aus dem spielerischen Aufs-Töpfchen-gehen, Aufräumen, Anziehen und Mithelfen langsam Ernst, indem wir es in diese notwendigen Verhaltensformen einüben.

Erziehung ohne Ereiferung und Drohungen

Viele Eltern zerreiben sich im Alltag mit ihren Kindern, weil sie einfach zu viele Worte machen und nicht hinter dem stehen, was sie ihren Kindern ankündigen. Wie oft tönt dieser Satz durch die Wohnung: „Dies ist aber das letzte Mal!" Die Kinder wissen genausogut wie ihre Eltern, daß dies noch lange nicht das letzte Mal ist. Also treiben sie es munter weiter, weil sie die Erfahrung gemacht haben, daß Mutti noch einige Male schimpfen wird, ehe sie Konsequenzen zieht. Erst wenn sie mit hochrotem Kopf und überschnappender Stimme durch die Tür hereingestürzt kommt, ist es Zeit, mit dem ungezogenen Verhalten aufzuhören. Kinder finden recht schnell heraus, wie weit sie gehen können, und wann es anfängt, für sie gefährlich zu werden.

Unser Familienleben wird wesentlich friedlicher werden, wenn wir weniger schimpfen, aber dann, wenn es etwas zu beanstanden gibt, auch wirklich konsequent dahinterstehen.

Wir sollten uns sehr wohl überlegen, was wir sagen, dann aber auch zu unseren Worten stehen. Die beste Lösung: wenig Regeln und wenig Worte. Wenn aber etwas gesagt wird, dann erwarten wir Gehorsam!

Wenn diese einfache Struktur bereits zum Familienalltag gehört, solange die Kinder noch klein sind, wird es ein Muster für unser Zusammenleben bleiben können, bis die Kinder aus dem Haus gehen. Sie wissen dann, daß Vati es sich vorher überlegt hat, wenn er Regeln aufstellt, und daß er dabei bleiben wird und es wohl besser ist, sich darin zu fügen. Die dauernden Machtkämpfe, wer wohl der Stärkere sein könnte, bleiben aus. Wenn dieses Muster des Zusammenlebens einmal klar ist und die Kinder wissen, daß es dabei bleiben wird, werden wir recht selten zu den härtesten Maßnahmen greifen müssen.

Im folgenden wollen wir noch einmal zusammenfassend ein Muster weitergeben, wie wir ohne Ereiferungen und Drohungen mit unseren Kindern klarkommen können, ohne dabei die Nerven zu verlieren.

Augenleitung

Nehmen wir eine Szene, die häufig vorkommt: unser Fünfjähriger ist in der Sandkiste ständig dabei, den anderen die Spielsachen fortzunehmen und ihre Sandburgen zu zerstören. Unsere erste Maßnahme ist die der „Augenleitung". Wir schauen streng zu unserem Sprößling hinüber, räuspern uns, krausen die Stirn oder heben den Finger.

Es ist allein eine Sache zwischen ihm und uns, niemand anders merkt etwas davon. Dies soll ihm zeigen, daß wir sein verkehrtes Handeln bemerkt haben und ihn um Besserung bitten. Diese „Augenleitung" ist eine der angenehmsten Erziehungsformen für Eltern und Kinder. Wenn Kinder wissen, daß wir konsequent zu unserer Aufforderung stehen, werden sie in vielen Situationen auf diesen Wink eingehen und ihr falsches Verhalten einstellen.

Zurechtweisung und konstruktive Möglichkeit

Aber wir wollen dieses Beispiel bis zum bitteren Ende verfolgen. Unser Kind versteht den Wink, aber es ändert sein Verhalten nicht. Der nächste Schritt ist, daß wir es zurechtweisen und eine konstruktive Möglichkeit anbieten. Zurechtweisen tun wir oft, aber vielfach versäumen wir, dem Kind einen Ausweg aus seiner verrannten Situation zu zeigen. In diesem Fall könnten wir sagen: „Schau, du hast doch selbst so viele Spielsachen. Willst du dir nicht auch eine Sandburg hier drüben bauen?" Oder: „Bist du heute morgen schon einmal auf der Schaukel gewesen?" Damit geben wir ihm eine Ablenkung und die Möglichkeit, von seinen Geschwistern abzulassen und selbst etwas Konstruktives zu tun.

Zurechtweisung und Nennen der Konsequenz

Wenn dieser Schritt nicht ausreicht, folgt die nächste Maßnahme. Wir sollten dem Kind wieder sein falsches Verhalten erklären und diesmal die Konsequenz nennen, die folgen wird, wenn es sich nicht ändert. Nun haben wir aufzupassen, daß wir eine angemessene Konsequenz nennen, die wir auch wirklich durchführen können. Hier wird manchmal im Eifer des Gefechtes einiges falsch gemacht. Zum Beispiel, daß wir eine viel zu weit in der Zukunft liegende Konsequenz nennen, etwa „dann kannst du nächste Woche nicht mit zu Oma kommen." Das liegt viel zu weit weg und wird das Kind kaum beeindrucken. Auch die Drohung, das Kind am Nachmittag nicht mit zum Einkaufen zu nehmen, zieht nicht. Denn selbst das Kind weiß, daß Mutti es nicht allein lassen kann und dann selbst auf ihren Einkauf verzichten muß. Wir müssen also eine Konsequenz finden, die möglichst logisch mit der Handlung zusammenhängt. In diesem Fall vielleicht: „Wenn du es nicht lassen willst, dann werde ich dich nehmen, und du mußt dort drüben in der anderen Sandkiste für dich allein spielen."

Durchführung der Konsequenz

In unserem konstruierten Beispiel wirkt selbst dies nicht auf das Kind. Vielleicht, weil es schon zu oft erfahren hat, daß Mutti zwar droht, aber nicht immer zu ihren Worten steht. Darum treibt es das Spiel bis zum Ende.

Der nächste Schritt ist, daß wir unseren kleinen Sproß unter den Arm klemmen, seine Spielsachen zusammenräumen und ihn hinüberbringen zu der anderen Sandkiste, um das wahrzumachen, was wir angekündigt haben. Aber selbst damit sind viele Konfrontationen noch nicht ausgestanden. Oft erleben wir an diesem Punkt, daß der Kleine sich mit Händen und Füßen wehrt, schreit, so daß es scheint, als ob der ganze Spielplatz zusammenläuft. Nun müssen wir ihm zeigen, wer wirklich der Stärkere ist. Wenn die Schritte bis jetzt nicht gewirkt haben, werden wir ihn nun um so fester packen und das auf den Po geben, was jetzt angemessen ist.

Hat unser Kind mehrere Male diese Folge in aller Sachlichkeit, aber auch Konsequenz miterlebt, wird er uns glauben, daß wir zu dem stehen, was wir sagen, und das Zusammenleben wird friedlicher werden. Diese vier Schritte haben sich in unserem Familienalltag seit vielen Jahren als hilfreich erwiesen. Hat sich die Abfolge erst einmal eingespielt, wird es häufig bei der Augenleitung bleiben und der Konflikt selten über den dritten Punkt hinausgehen.

Noch einmal die Zusammenfassung:

1. Augenleitung
2. Zurechtweisung und konstruktive Möglichkeit
3. Zurechtweisung und Nennen der Konsequenz
4. Durchführung der Konsequenz

EIN PERSÖNLICHES WORT VON CLAUDIA

Wenn uns jemand kennenlernt, lautet die erste Frage fast immer: „Wie schaffen Sie das?" Häufig folgt dieser Frage – meistens von Müttern mit ein oder zwei Kindern – ein Klagen über das eigene Familienleben.

Ich frage mich, warum gerade Mütter mit ein oder zwei Kindern so schlecht zurechtkommen. Immer wieder höre ich den Satz: „Meine zwei reichen mir voll und ganz, ich schaffe nicht mehr!" Soll es eine Rechtfertigung mir gegenüber sein oder steckt mehr dahinter? Oftmals kommen dann im persönlichen Gespräch auch tiefe Nöte zum Vorschein, Klagen über Nervosität, Unsicherheit in der Erziehung, Angst vor der Zukunft usw.

Ich habe mir lange Zeit Gedanken über diesen Fragenkomplex gemacht und möchte versuchen, eine Antwort aus meiner Sicht zu geben. Vielleicht kann ich dadurch manch einer betroffenen Mutter helfen.

Zuerst stand ich vor einem Rätsel. Wieso haben Mütter mit ein oder zwei Kindern anscheinend mehr Probleme als Mütter mit drei und mehr Kindern? Ein Gespräch mit einer jungen Frau brachte mich einen Schritt weiter.

Ich kenne diese Frau, eine liebe Christin, sehr gut und wußte auch, daß sie mit ihren zwei kleinen Kindern Schwierigkeiten hatte und es einfach nicht schaffte, daneben ihren Haushalt richtig zu versorgen. Sie war oftmals auf Hilfe angewiesen, und trotzdem herrschte in ihrer Wohnung ein Chaos. Mir tat sie leid, aber ich wußte nicht, wie ich ihr helfen konnte. Kurz nachdem ihr drittes Kind auf die Welt gekommen war, sagte sie zu mir: „Es ist seltsam, Claudia, aber seitdem ich drei Kinder habe, komme ich wesentlich besser klar als vorher; es macht mir auch mehr Spaß."

Diese Antwort brachte mich ein Stück weiter. Diese junge Mutter stand mit ihrer kleinen Familie offensichtlich in einem Zwiespalt. Sie hatte es innerlich nicht akzeptiert, daß sie den ganzen langen Tag nur für Haushalt und zwei Kinder dasein sollte. Sie fühlte sich mit ihrer Aufgabe ihrem Mann gegenüber benachteiligt. Das zeigte sich auch darin, daß sie ihn nach Feierabend oft über das Maß im Haushalt einspannte. Sie liebäugelte zu sehr mit der scheinbaren Freiheit anderer Frauen. Mit dem dritten Kind wurde sie zu einer Entscheidung gezwungen. Ihre Familie forderte sie ganz, und sie sagte „ja" dazu.

Ich denke auch an ein anderes Gespräch mit einer jungen Mutter, das ich gerade vor kurzem hatte. Zu gerne wollte sie, wie ihr Mann, mehr in der Gemeinde mitarbeiten, obwohl sie sich schon um viele Menschen kümmerte. Dabei drückte sie die Verantwortung für die Kinder, denen sie ja auch eine gute Mutter sein wollte. Die Folge war abzusehen: Unzufriedenheit mit sich selbst, Unsicherheit in der Erziehung, Nervosität und die ständige Sorge, den Kindern nicht genügend gerecht zu werden und zu wenig Zeit für sie zu haben.

Dies ist kein Einzelfall. Ich mußte in letzter Zeit immer wieder über die vielen Gespräche mit jungen Frauen nachdenken. Die meisten drehten sich um diese Probleme und um die Angst vor einem weiteren Kind. Warum haben so viele Frauen Angst vor einem dritten Kind?

Ich denke, daß die meisten von ihnen in einem inneren Zwiespalt leben. Einerseits wollen sie eine gute Ehefrau und Mutter sein, andererseits aber auch auf so wenig wie möglich verzichten. Besonders kraß tritt diese Problematik beim ersten Kind zutage. Bis zu diesem Zeitpunkt war die Frau normalerweise berufstätig und konnte mehr oder weniger frei über ihre Zeit verfügen. Nun muß sie auf einmal auf vieles verzichten. Dadurch entsteht oft

Neid, Eifersucht oder auch Rebellion dem Mann gegenüber, ohne daß diese Dinge jemals zur Sprache kommen. Sie werden im Herzen versteckt. Als Resultat entsteht daraus Bitterkeit!

Ich muß an mein eigenes Leben denken. Es war vor elf Jahren. Mein Mann studierte noch, ich war berufstätig und erwartete unser erstes Kind. Von Beruf war ich übrigens Kontoristin und habe niemals zuvor etwas mit Kindern zu tun gehabt. Mein Mann spielte zu dieser Zeit in einer christlichen Musikgruppe, die oft zu Evangelisationseinsätzen unterwegs war. Ich fuhr grundsätzlich mit.

Ich kann mich noch sehr genau an einen Abend erinnern, als wir beide, Eberhard und ich, auf dem Sofa saßen und von unserem ersten – noch ungeborenen – Kind schwärmten. Da kam es in mir hoch, und ich sagte zu ihm: „Weißt du, einerseits freue ich mich riesig auf unser Kind, aber dann bin ich ja so oft allein, wenn du wegfährst. Muß ich wegen einem Kind das alles aufgeben?" Es blieb mir keine andere Wahl: ich mußte! Nun, zu der Zeit ahnten wir noch nicht, daß wir kurz vor der Geburt noch zwei Kinder aufnehmen würden. Obwohl ich der Überzeugung war, dieses Opfer bejaht zu haben, hatte ich es doch nicht mit ganzem Herzen getan, wie sich später herausstellen sollte.

Erst Jahre später wurde mir in meiner Gebetszeit klar, daß ich im Grunde meines Herzes immer noch eifersüchtig auf meinen Mann war, weil er nicht wie ich so ans Haus gebunden war. Oftmals verlangte ich nach einer „gerechten Verteilung der Opfer". Sicher, ich war mit Begeisterung Ehefrau, Mutter und Hausfrau. Aber mir wurde jetzt erst klar, was für eine Verantwortung ich gegenüber meiner Familie trug. Ich tat wegen dieser Eifersucht Buße. In der Folge hörte ich auf, meinem Mann Vorschläge zu meinen Gunsten zu machen und Forderungen zu stellen. Vor Gott ordnete ich mich Eberhard noch einmal ganz bewußt unter. Zuerst dachte ich, es wäre eine Sache zwischen Gott und mir gewesen und war ganz überrascht, als Eberhard eine positive Veränderung an mir feststellte. Ich schämte mich etwas, weil ich immer der Meinung gewesen war, ich hätte mich ihm schon längst mit vollem Herzen hingegeben und meine Berufung als Frau angenommen. Interessanterweise änderte sich daraufhin auch Eberhard insoweit, daß er größere Verantwortung für mich und die Kinder übernahm und ich mich dadurch in meinen Aufgaben als Frau sicherer fühlte.

Inzwischen habe ich schon lange keine Probleme mehr, wenn ich an gewissen Veranstaltungen nicht teilnehmen kann oder auf andere Dinge verzichten muß. Ich bin glücklich, für meine Familie dasein zu dürfen und sehe in ihr meine Berufung und mein „Missionsfeld". Außerdem sind es doch nur wenige Jahre, in denen die Mutter sich für ihre kleinen Kinder „aufopfern" muß. Ich weiß, daß es schwerfällt, ein volles Ja mit allen Konsequenzen zu geben, wenn man sich mit zwei Kindern nicht ausgelastet fühlt. Aber es gibt auch für Mütter Aufgaben, die kein anderer als sie erfüllen kann. Machen Sie sich einmal Gedanken darüber, welche Aufgaben und Aktivitäten es gibt, die Sie mit ihren Kindern zusammen ausüben können.

In unserem Haus entstand z.B. vor fünf Jahren ein sogenannter Mütterkreis. Er fing an, als ich gerade ein Baby geboren hatte und eine junge Frau aus unserer Gemeinde, die ihr erstes Kind erwartete, mich bat, doch einmal beim Wickeln, Baden und Stillen des Kindes zuschauen zu dürfen, um zu lernen und Fragen zu stellen. Wir verabredeten uns nach kurzer Zeit wieder. Etwas später brachte sie eine schwangere Frau mit, die auch ihr erstes Kind erwartete. Nach und nach luden wir mehr Interessierte ein. In den ersten Jahren trafen wir uns wöchentlich, seit zwei Jahren 14tägig vormittags. Wir sind zur Zeit ca. zehn bis fünfzehn Mütter aus verschiedenen Gemeinden, wobei ein Teil keine Christen sind bzw. waren. Da die Mütter ihre kleinsten Kinder, die weder Kindergarten noch Schule besuchen, mitbringen, treffen wir uns oftmals inmitten von zwanzig Kleinkindern. Wir tun nicht viel mehr, als uns zu unterhalten, meist in Grüppchen, da die Kinder überall dabei sind. Im Sommer gehen wir hinaus in den Garten, denn dort ist es unproblematischer mit dem Nachwuchs. In unserem Kreis werden Fragen zu unseren Familien durchgesprochen, Tips und Rezepte weitergegeben, auch über eigene Probleme, Erziehungsfragen und unseren Glauben sprechen wir.

Ich schreibe dies so ausführlich, weil ich Mut machen möchte, ähnliches auszuprobieren. Ich war erstaunt, daß völlig fremde Frauen so gerne und regelmäßig kommen. Beim näheren Kennenlernen stellte sich oft heraus, daß diese Frauen selten einen Freundeskreis haben und dankbar sind, sich mit anderen Frauen treffen zu können.

Durch diesen Kreis hat sich auch für manche Mutter die Möglichkeit gegeben, ihre Kinder einmal woanders unterzubringen, wenn es nötig sein sollte, oder anderen Müttern zu helfen.

Schulen Sie Ihren Blick für die Nöte um Sie herum! Vielleicht können Sie einer Mutter aus der Nachbarschaft oder aus Ihrer Gemeinde helfen, wenn sie einmal krank sein sollte, wenn ein Umzug bevorsteht oder ähnliches, indem Sie die Kinder für diese Zeit bei sich aufnehmen. Überlegen Sie doch einmal, ob es nicht auch für Sie und Ihre Familie möglich wäre, wie wir ein Kind aufzunehmen. Vielleicht zunächst nur tagsüber oder für einige Zeit, wenn die Mutter krank oder zur Kur ist. Überlegen Sie doch einmal, wie Sie helfen können, ohne daß Sie oder Ihre Familie dabei überfordert ist. Wenn man Kinder aufnehmen will, darf man nicht experimentieren. Sie müssen vorher die Kosten überschlagen und das Für und Wider abwägen.

Es gibt sicherlich noch viele andere Dinge, die man mit anderen Familien gemeinsam tun kann. Warum treffen Sie sich nicht einmal mit anderen Müttern und ihren Kindern und gehen gemeinsam ins Schwimmbad, in den Zoo oder einfach nur zu einem Spaziergang? Bekanntlich macht das mehr Spaß als allein!

Die Zeit, in der unsere Kinder klein und so auf uns angewiesen sind, ist – gemessen an unserem Leben – sehr kurz. Erleben Sie diese Zeit intensiv!

Um die eingangs erwähnte Frage, wie ich meine Arbeit schaffe, zu beantworten, möchte ich Ihnen etwas aus meinem Leben und von meinem geistlichen Wachstum erzählen. Ich bin kein Naturtalent, es ist auch nicht plötzlich eine „Kraft von oben" über mich gekommen, sondern auch ich mußte lernen, mich zu disziplinieren und zu beherrschen – und ich bin immer noch dabei zu lernen.

Als wir jung verheiratet waren und noch keine Kinder hatten, war es unser Wunsch, unser Leben ganz für Jesus einzusetzen. Wir arbeiteten in verschiedenen Gemeindegruppen, waren mit unserer Musikgruppe ständig unterwegs zu Evangelisationen und wollten zusammen in die Mission, irgendwo in der Dritten Welt, gehen. Da wir engen Kontakt zu einer Gruppe hatten, die in der Mission in Südamerika arbeitete, gaben wir den größten Teil unseres Geldes in diese Arbeit. Wir selbst lebten sehr asketisch und gönnten uns keinen Luxus. Unser Frühstück bestand oft nur aus Margarinebrot und Kaffeersatz. Aber wir waren glücklich, unser Leben so einsetzen zu können. Wir taten dies, um Gott zu zeigen, daß wir es ernst mit ihm meinten und daß wir nicht abhängig waren von den Dingen dieser Welt.

Eine Episode steht mir besonders deutlich vor Augen. Sie zeigt, wie aufrichtig wir es damals mit unserer Nachfolge meinten.

Eines Tages lasen wir in einem Andachtsbuch, daß wir uns einmal prüfen sollten, ob Jesus uns das Liebste im Leben sei, und wir sollten das, woran unser Herz am meisten hing, einfach verschenken. So fragte mich Eberhard kurz darauf, was ich in unserer kleinen Wohnung am schönsten fand. Ahnungslos zeigte ich auf einen hübschen Kerzenleuchter. Seine Frage war: „Willst du es nicht einpakken und verschenken?" So ging manches „Lieblingsstück" in andere Hände über.

Rückblickend kann ich sagen, daß ich in diesem ersten Jahr unserer Ehe sehr viel gelernt habe, wovon ich heute noch profitiere. Eberhard und ich führen ein diszipliniertes Leben und haben unseren Tagesablauf gut durchdacht. Es fällt mir auch nicht schwer, meine Bedürfnisse zurückzustellen. Dieses Zurückstellen meiner eigenen Bedürfnisse und Bequemlichkeiten ist mit eine Frucht aus dem ersten Jahr unserer Ehe, in dem wir uns geübt haben, unsere eigenen Wünsche und unsere materiellen Dinge zugunsten anderer zurückzustellen und allein den Dienst für Jesus vor Augen zu haben.

So fällt es mir jetzt mit meiner großen Familie nicht schwer, täglich einen straffen Zeitplan durchzuhalten und schnell und diszipliniert zu arbeiten. Normalerweise brauche ich nur den Vormittag, um unser Haus in Ordnung zu bringen. Allerdings haben wir nicht an Maschinen gespart, die ein rationelles Arbeiten ermöglichen.

Außerdem stelle ich einen Speiseplan für jeweils eine Woche auf und bemühe mich um eine gute Vorratshaltung. Obwohl ich täglich für viele kochen muß, gehe ich trotzdem nur höchstens einmal in der Woche einkaufen. Diese Einkäufe mache ich allerdings mit meinem Mann zusammen, da es immer sehr große Mengen sind.

Wenn man sich nach einem gewissen Wochenplan richtet, lebt man meiner Meinung nach intensiver und preiswerter und hat mehr Möglichkeiten für andere Aktivitäten, weil man seine Zeit nicht beim täglichen Einkauf verplempert. Viele Jahre lang habe ich die ganze Arbeit allein gemacht und hatte nur gelegentlich Hilfe, wie z.B. in Ernte- und Einmachzeiten. Seit einem Jahr habe ich eine ständige Hilfe, die den ganzen Tag über im Haushalt hilft.

Da die meiste Arbeit am Vormittag erledigt ist, habe ich nachmittags mehr Zeit für die Kinder. Dann werden zuerst Schularbeiten gemacht, und der Rest des Nachmittags ist frei für andere Aktivitäten.

Trotz aller Arbeit achte ich auch darauf, für mich persönlich Zeit zu haben. Besonders an den Wochenenden, wenn mein Mann unterwegs ist zu Seminaren und Schulungen und ich abends allein bin, nehme ich mir viel Zeit zum Beten, Lesen, Handarbeiten u.a. Ich verlebe diese Abende bewußt und tue all das, wozu ich in der Woche wenig Zeit finde.

Ich bin auch schon gefragt worden, ob ich nicht die halbe Nacht beten müßte, um solch einer Aufgabe gewachsen zu sein. „Nein", sage ich dann, „ich brauche nachts den Schlaf; beten tue ich tagsüber – während ich arbeite." Ich kann nicht jeden Abend bis Mitternacht aufbleiben und am nächsten Tag ruhig und ausgeglichen sein. Aber gerade die Haltung der Anbetung während der Arbeit und damit das Bewußtsein, von Gott getragen zu sein, ist etwas, was mir früher größere Probleme bereitete.

Im ersten Jahr, als wir sechs kleine Kinder hatten, schien es für mich ein unüberwindliches Problem zu sein, tagsüber während der Arbeit zu beten oder wenigstens an Gott zu denken. Ich wußte, daß ich diese Kraftquelle brauchte, aber ich vergaß es immer wieder oder dachte erst daran, wenn es zu spät war.

Dann faßte ich eines Tages den Entschluß, mich alle zwei Stunden für fünf Minuten zum Gebet einzuschließen. Aber – wie es auch kommen mußte – ausgerechnet in diesen fünf Minuten brauchten mich meine Kinder und bommerten und hämmerten an die Tür. Ich war ratlos.

Fordert die Bibel uns nicht auf, allezeit zu beten? Und ich schaffte es nicht einmal, beständig an Gott zu denken. Was machte ich falsch? Ich wußte, ich war auf das Gebet angewiesen, weil es meine größte Kraftquelle war. Was fehlte mir, um, wie Paulus es nannte, allezeit im Geist beten zu können?

Wenig später fand ich Zugang zu dem, was Paulus mit diesem Vers meinte. Bald registrierte ich, daß ich tagsüber im Geist betete, ohne daß es mich große Anstrengung kostete. Jetzt war es mir möglich, den ganzen Tag in Verbindung mit meinem Vater im Himmel zu bleiben, ohne alle zwei Stunden den Wecker zu stellen und mich zum Beten einzuschließen. Ich merkte es an meinem eigenen Leben: Gott hat mich beschenkt! Ich war glücklich, auf meine Not endlich eine Antwort gefunden zu haben. Es bereitet mir nun keine Schwierigkeiten mehr, bei der Arbeit zu beten und den Tag über mit meinem Herrn in Verbindung zu stehen. Das Resultat ist eine gewisse Ruhe und ein innerer Frieden.

Ein anderer Punkt, warum ich diese Arbeit schaffe, ist der, daß ich es gelernt habe – und noch lerne – gelassen zu sein. Vor Jahren hat es mich manchmal tagelang beschäftigt, wenn eines der Kinder etwas furchtbar Dummes und Ungezogenes angestellt hatte. Damit vergeudete ich viel Kraft. Heute versuche ich, über den Dingen zu stehen.

Als meine Tochter zum Beispiel noch in den Kindergarten ging, kamen wir dahinter, daß sie schon seit längerem Süßigkeiten stahl, und zwar bei uns und im Kindergarten. Mich hatte das furchtbar schockiert, zumal sie sehr raffiniert ans Werk ging und behauptete, im Kindergarten hätten Kinder Geburtstag gehabt und Süßigkeiten verteilt. Bis dahin hatten wir sehr viel Vertrauen in sie gesetzt und glaubten ihr alles. Doch eines Tages kam die Lawine ins Rollen, und ich war fix und fertig. Wie sollte es weitergehen? Mein Kind ein Lügner und Dieb: Ich sah sie schon in Erziehungsanstalten usw.

Nun, auch diese Zeit ging vorbei, und inzwischen sind sieben Jahre vergangen, und so etwas kam bei ihr nie wieder vor.

Dieses Beispiel hat mich gelehrt, die Dinge nicht zu tragisch zu nehmen und die Zukunft der Kinder nicht zu negativ einzuschätzen. Ich will die Problematik nicht verniedlichen – auch uns hat es sehr viel Einsicht, Weisheit, Erziehungsmaßnahmen und Gebet gekostet, um ihr das Stehlen, das ihr schon fast zur Gewohnheit geworden war, abzugewöhnen. Bei aller Erziehung ist es gut, Gelassenheit und Ruhe zu bewahren und das Leben und die Zukunft unserer Kinder positiv zu sehen.

Wenn manche Leute uns mit unseren vielen kleinen

Kindern sehen, sagen sie: „Wartet ab, bis sie erst einmal groß sind, dann ...” Ich wehre mich gegen den Gedanken, daß es ab der Pubertät mit den Kindern nur noch Probleme geben soll. Wie heißt es doch in Hiob 3,25: „Denn was ich gefürchtet habe, das ist über mich gekommen, und wovor mir graute, das hat mich getroffen.”

Nun, ich habe noch keine Erfahrung mit älteren Kindern, aber ich will meine Gedanken schulen und mich auf diese Zeit freuen. Wenn wir Mütter ruhig, gelassen und fröhlich sind, werden es auch unsere Kinder sein!

Ich möchte zum Schluß noch einmal betonen, daß ich nun schon seit fast elf Jahren diese Arbeit tue und trotzdem immer noch dazulerne. Wenn Sie ein ängstlicher Mensch sind, werden Sie nicht von heute auf morgen ruhig und gelassen sein können – aber Sie können es lernen! Betrachten Sie Ihre Probleme nicht als unüberwindlich, sondern vertrauen Sie darauf, daß Sie mit Gottes Hilfe darüber Herr werden können!

Ich habe festgestellt, daß es sich leichter lebt, wenn man es gelernt hat, alle Probleme an seinen Vater im Himmel abzugeben. Wie oft machen wir uns unnötig Sorgen über die Erziehung unserer Kinder und über unsere Zukunft. Wie oft beschäftigen wir uns mit finanziellen Problemen, anstatt sie unserem Vater im Himmel zu geben und bei ihm zu lassen.

Ich weiß, daß mich Groll oder Bitterkeit – ganz besonders innerhalb der Ehe und Famile – hindern wird, fröhlich meiner Aufgabe als Mutter nachzukommen.

Aber in meiner Beziehung zu Jesus Christus, die sich immer mehr vertieft, lerne ich, über diese Schwierigkeiten Herr zu werden.

Sie sehen also, daß mir nicht alles in den Schoß gelegt worden ist und ich auch kein Naturtalent bin. Auch ich mußte es lernen, mit der Kraft Gottes, mit Disziplin und Selbstbeherrschung, mit Aufopferung und mit der Annahme meiner Berufung als Mutter mein Leben zu meistern! Und ich bereue es nicht!

LITERATURNACHWEIS

(1) Dr. Elisabeth Dessai, Erziehung ohne Elternstress, Kindler Verlag
(2) Thomas Gordon, Familienkonferenz, Hoffmann und Campe, 1975
(3) A.S. Neill, Theorie und Praxis der antiautoritären Erziehung, rororo
(4) R. Dreikurs/V. Soltz, Kinder fordern uns heraus, Klett-Cotta, 1980
(5) Francis Schaeffer, Wie können wir denn leben? Hänssler Verlag, 1977
(6) Christa Meves, Erziehen lernen, Bayerischer Schulbuch Verlag, 1981
(7) D. Ross Campbell, Kinder sind wie ein Spiegel, Verlag der Francke-Buchhandlung GmbH, 1979
(8) Dr. James Dobson, Dare to Discipline, Tyndale House Publishers, 1970